Christiane Knudsen

Money, Money, Money!

Mit Fundraising musikalische Schulprojekte schlau und einfach finanzieren

LUGERT VERLAG
BEGEISTERUNG FÜR MUSIK

VORWORT

LIEBE LESERIN, LIEBER LESER,

Sie kennen den Spruch „Geld regiert die Welt“. Uns kommt es manchmal so vor, als könne man sagen: „Geld regiert den Schulalltag“ oder „Geld regiert den Musikunterricht“! Kennen Sie das auch, dass sich alle freuen, wenn Sie eine neue, kreative Projektidee haben, wo die Schüler richtig Spaß haben und nebenbei auch noch eine Menge lernen können? Das Image der Schule wird auch gleich ein bisschen poliert, der musikalische Schwerpunkt ausgebaut, das Ansehen gestärkt. Oder das jährliche Schulfest steht an und Sie organisieren wieder mal die Band, das musikalische Rahmenprogramm und, und, und …

Und dann sagt Ihre Schulleitung: „Es darf aber nicht mehr als 30 Euro pro Kopf kosten!“ oder „Die Töpfe sind aber schon leer!“ Aber das entmutigt Sie gar nicht – Sie wissen ja jetzt, was zu tun ist, um sich von derlei Aussagen nicht abhängig machen zu müssen.

Dieses Buch soll eine Lücke schließen, und zwar die zwischen Ihrem Anspruch an guten Musikunterricht bzw. gelungene Musikprojekte auf der einen Seite und der Mittelbeschaffung für Ihre Projekte und musikalischen Ideen auf der anderen. Obwohl Fundraising an Schulen in den letzten Jahren aufgrund leerer öffentlicher Kassen zugenommen hat, herrscht in pädagogischen Kreisen häufig noch ein „Denken in Töpfen“ und in staatlich vorgegebenen Strukturen. Keine Frage, der Staat hat die Pflicht, die nötige „Grundversorgung“ von Schulen zu gewährleisten (siehe auch den Hinweis zu öffentlichen Geldern auf Seite 17). Aber seit wann ist eine „Grundsicherung“ ausreichend für eine umfassende Bildung – vor allem, was das Musikalische angeht? Woher kommt denn das Geld für das neue Keyboard, für die gute Soundanlage in der Aula, für die Bläserklasse oder für die Chorfahrt? Solche Sachen stehen in keinem Lehrplan, aber soll man sie deshalb einfach streichen? Eben.

Dieser Ratgeber soll Ihnen zeigen, wie Fundraising für den Musikunterricht sicher und mit Erfolg gelingt! Wir wollen Ihnen ganz konkret Wissen und „Werkzeuge“ an die Hand geben, damit Sie Ihre Projekte in Zukunft problemlos verwirklichen können – leere Töpfe hin, unwillige Schulleitung her.

Wir möchten …

… Sie ermutigen, Ihre Projektpläne aus der Schublade zu nehmen und eine ordentliche Finanzierung auf die Beine zu stellen,

… Sie Schritt für Schritt begleiten: von der Idee über die Vorbereitungen bis zum Einwerben der Gelder und schließlich zur Evaluation,

… Ihnen zeigen, welche vielfältigen Möglichkeiten des Fundraisings es gibt,

… Ihnen gute Beispiele präsentieren, in denen Fundraising gelungen ist und tolle Projekte ermöglicht hat,

… Ihnen viele Praxistipps, Empfehlungen, Checklisten und Muster mit auf den Weg geben, damit Sie sofort anfangen können.

Und jetzt wünschen wir Ihnen viel Spaß und jede Menge neue Erkenntnisse!

Ihre

Christiane Knudsen

und das gesamte Team des Lugert Verlags

HINWEIS

Geschlechtergerechte Sprache:
Um eine gute Lesbarkeit zu gewährleisten, haben wir für Angehörige von Gruppen jeweils die männliche Form gewählt (z. B. Schüler, Lehrer, Sponsoren). Gemeint sind natürlich immer sowohl Männer als auch Frauen sowie Personen, die sich keinem dieser Geschlechter zugehörig fühlen.

INHALT

EINLEITUNG

Warum also Fundraising im Musikunterricht? Zunächst einmal geht es darum, das Thema Geld aus der elitären Ecke zu holen. Fundraising kann jede Schule leisten, egal ob Grundschule, Gymnasium oder Gesamtschule, sozialer Brennpunkt oder beste Stadtlage. Beim Thema Geldbeschaffung denken wir oft an Privatschulen, reiche Eltern, wohlmeinende Mäzene und von Bürgermeistern zerschnittene Eröffnungsbänder… Stopp! Noch einmal: Fundraising kann jede Schule leisten! Wirklich.

Und wieso gerade Fundraising für den Musikunterricht? Gegenfrage: Wie viele Leute kennen Sie, die kein Lieblingslied haben? Musik mag jeder! Musik verbindet! Selbst diejenigen, die sagen, sie könnten nicht singen oder nicht tanzen (oder beides), haben irgendeinen Bezug zu Musik. Musik liegt uns in den Genen. Musik spricht uns auf tiefsten Ebenen an, löst Emotionen aus, bewegt, reißt mit! Musik löst Freude aus – und Freude und Begeisterung sind die Grundlage jeder Fundraising-Kampagne.

Natürlich ist es auch wichtig, ein gut ausgestattetes Chemielabor zu haben, einen ordentlichen PC-Raum usw. Aber wenn Sie Fundraising für Ihren Musikunterricht betreiben, können Sie all Ihre Fantasie und Kreativität einbringen. Sie können Musik nutzen, um noch mehr Musik zu bekommen! Sie können Ihre Ansprechpartner begeistern, und Musik spricht nun wirklich jeden an (im Gegensatz zu vielleicht Mathematik oder Physik).

Der Musikunterricht verdient unbedingt mehr Aufmerksamkeit an unseren Schulen. Natürlich müssen unsere Kinder die Grundrechenarten beherrschen, vernünftig schreiben können, das politische System kennen usw. Aber ebenso wie die Bedeutung von Sport und Bewegung in den letzten Jahren zugenommen hat, um die Gesundheit unserer Schüler zu fördern, gehört auch die musikalische Bildung zum elementaren Repertoire für Gesundheit und Zufriedenheit. Musik und Musizieren sind gut fürs Gehirn, fürs Wohlbefinden und sogar für die soziale Entwicklung unserer Kinder. All das sind gute Argumente, warum Fundraising besonders gut für den Musikunterricht geeignet ist.

Und das Beste: Sie bringen bereits alle Voraussetzungen für eine gelungene Fundraising-Kampagne mit, ohne dass Sie dafür zusätzlich etwas tun oder erlernen müssten:

- Sie sind Musiker oder Musikerin! Sie sind kreativ!
- Sie können mit Musik bewegen!
- Sie sind von Ihrem Projekt begeistert und können andere damit „anstecken".
- Sie erleben die positiven Effekte von Musik auf Geist und Körper jeden Tag an sich und Ihren Schülern und können dadurch auch andere davon überzeugen.
- Sie wollen Ihren Schülern gute Erfahrungen mit Musik mitgeben, von denen sie im Idealfall ihr ganzes Leben „zehren" können (Stichwort: „Non scholae sed vitae discimus.", lat. „Wir lernen nicht für die Schule, sondern für das Leben.").

Sie sind also bereits jetzt bestens darauf vorbereitet, mit dem Fundraising loszulegen!

HINWEIS

In diesem Buch werden Sie immer wieder Stellen mit einem „Tipp vom Experten" finden. Dort kommen erfahrene Fundraiser zu Wort, die Musiker und/oder Musiklehrer sind. Sie teilen an diesen Stellen ihre Erfahrungen, ihre besten Tipps und Anregungen mit Ihnen.

1

WAS IST EIGENTLICH FUNDRAISING?

Was ist denn nun dieses „Fundraising“, von dem die ganze Zeit die Rede ist? Kurz gesagt: Es soll Geld beschafft werden, um meine musikalischen Projekte umzusetzen. Dabei will ich von öffentlichen „Töpfen“ unabhängig sein (oder werden). Aber woher kommt das Geld? Und wie komme ich da ran? Wie viel kann ich überhaupt bekommen? Wie lange dauert das? Und wie viel Arbeit ist das?

Starten wir doch zunächst – ganz klassisch – mit einer Definition: Fundraising kommt aus dem Englischen und bedeutet wörtlich übersetzt „Mittelbeschaffung“.

In diesem Buch soll Fundraising wie folgt verstanden werden:

- Ziel des Fundraisings ist die Beschaffung von Mitteln, um Projekte durchzuführen oder Anschaffungen zu finanzieren, die der musikalischen (Weiter-)Bildung Ihrer Schüler und im weitesten Sinne der gesamten Schulgemeinschaft zugutekommen. Dabei geht es nicht nur um finanzielle Mittel, sondern auch um Sachmittel, um Hilfe und Unterstützung durch Freiwillige oder um Informationen (Know-how). Das Besondere daran ist, dass die Mittel (mit Ausnahme des Sponsorings, siehe Kapitel 1.2) ohne erwartete (geldwerte) Gegenleistung gegeben werden. Es handelt sich also im Grunde um Spenden.
- Die Methode des Fundraisings ist eine zielgerichtete Kommunikationsstrategie, mit der potenziellen Geldgebern und anderen Förderern das Projekt ansprechend präsentiert wird, sodass daraus die Bereitschaft entsteht, dieses zu unterstützen. Hierbei bestehen viele Parallelen zur klassischen Werbung.

Fundraising soll nicht als einmalige, in sich abgeschlossene Angelegenheit betrachtet werden. Vielmehr möchten wir Sie ermutigen, sich auf einen spannenden Weg zu machen, von dem auf lange Sicht Ihre ganze Schule profitieren kann. Auch wenn Sie anfangs vielleicht etwas „Überzeugungsarbeit“ leisten müssen – spätestens nach den ersten Erfolgen werden auch die letzten Zweifler still.

Bleiben Sie in jedem Fall motiviert und aufgeschlossen: Beim Fundraising werden Sie immer wieder neue Wege entdecken, neue Ideen finden und auf neue Partner treffen. Im Idealfall werden Sie mit Ihren Ideen, Plänen und Wünschen andere „anstecken“ und zum Mit- und/oder Nachmachen anregen.

1.1 WAS ERWARTET MICH BEIM FUNDRAISING?

Fundraising ist vor allem eins: spannend! Sie werden unzählige Erfahrungen sammeln, neue Kontakte knüpfen, viele Herausforderungen meistern, gekonnt abwägen und erhebende Erfolge feiern. Fundraising ist ein Instrument, das Ihnen dazu dienen soll, auch in Zeiten knapper öffentlicher Mittel Ihren Musikunterricht aufregend, mitreißend und nachhaltig wirkungsvoll zu gestalten. So können Sie Ihren Schülern, Ihrer Schule und auch sich selbst einen großen Mehrwert bieten. Worauf sollten Sie sich also einstellen, wenn Sie sich auf das Abenteuer Fundraising einlassen?

Die eigene Einstellung

Gleich vorneweg: Fundraising ist nicht gleichbedeutend mit Betteln! Im Gegenteil: Sie setzen sich mit viel Engagement und Herzblut dafür ein, Ihre Schule ein Stückchen musikalischer, besser und interessanter zu machen. Sie schärfen im Idealfall das Profil Ihrer Schule! Sie sorgen dafür, dass Ihre Schule im musikalischen Bereich innovativ bleibt, sich weiterentwickelt und den immer weiter steigenden Ansprüchen – sei es vonseiten der Eltern, der Politik oder der Gesellschaft – weiterhin gerecht wird. Durch Ihre Arbeit haben Sie maßgeblichen Einfluss auf das Erlebnis „Schulzeit" vieler Hunderte Kinder – der Zukunft unserer Gesellschaft! Für Ihr Projekt Unterstützung zu suchen, dient Ihnen nicht dazu, sich persönlich zu bereichern oder zu „schmarotzen". Es dient einem guten Zweck und einem größeren Ganzen und es ist ausdrücklich kein Betteln! Vergessen Sie das nicht – vor allem nicht, wenn es in Ihrer Fundraising-Kampagne „ans Eingemachte" geht und Sie die gewünschte Unterstützung aktiv einwerben (siehe Kapitel 5 „Los geht's!"). Seien Sie mit Ihrer Arbeit selbstbewusst!

Achten Sie außerdem auf eine positive Einstellung gegenüber Rückschlägen, Fehlern oder Unwägbarkeiten. Sehen Sie sie als Chance, es in Zukunft anders und besser zu machen. Fundraising ist immer ein Prozess, der von vielen Faktoren abhängt, die sich mit der Zeit auch verändern können. Sich immer wieder neu zu motivieren, kreativ mit Problemen umzugehen und nicht den Mut zu verlieren, gehört zu diesem Prozess genauso dazu, wie die wohltuenden Erfolgserlebnisse, die dieser Weg für Sie bereithält.

Persönliche Fähigkeiten

Für erfolgreiches Fundraising braucht es nicht nur Zeit, Engagement und Begeisterung. Auch eine ordentliche Kommunikationsfähigkeit ist enorm hilfreich. Dazu kommen etwas Hartnäckigkeit, Zielstrebigkeit und auch eine Portion Leidensfähigkeit, denn vermutlich werden Sie auch auf Herausforderungen und Hindernisse treffen. Auch das ein oder andere „Nein" werden Sie wegstecken müssen. Ihr Einfühlungsvermögen und Ihr Fingerspitzengefühl werden immer wieder gefragt sein, vor allem im Umgang mit potenziellen Spendern. Sie sollten sich also auf eine fordernde Aufgabe einstellen, der Sie mit Ihrem ganzen Charakterpotenzial begegnen dürfen:

- Sie wissen genau, wofür Sie das Fundraising machen (Projekt/Aufgabe).
- Sie sind zu 100 % von Ihrem Projekt überzeugt – und davon, dass es Ihren Schülern, Ihrer Schule und der Gemeinschaft insgesamt einen weitreichenden Nutzen bringt.
- Sie können andere von Ihrem Projekt überzeugen und Ihre Begeisterung übertragen (auf Ihr Team/Ihre Unterstützer).
- Sie halten durch, auch wenn der Weg mal steinig wird und Hindernisse auf Sie zukommen.

Umgang mit Spendern und Förderern

Beim Fundraising geht es zwar in erster Linie um Geld oder Spenden, aber es sollte auch um eine langfristige inhaltliche Partnerschaft zwischen Ihnen (bzw. Ihrer Schule) und Ihren Förderern gehen. Beim Fundraising bewegen Sie sich in einem regelrechten „Spendermarkt", und Spender haben andere Bedürfnisse als z. B. Käufer in einem „Wirtschaftsmarkt". Wo der Käufer für sein Geld ein gutes Produkt erwartet, erwartet der Spender, dass sein Geld für den Zweck eingesetzt wird, für den er es gegeben hat. Außerdem erwarten Spender, dass mit ihren Geldern wirtschaftlich und effizient gearbeitet wird, dass sie jederzeit erfahren können, was mit ihren Geldern passiert (Vertrauen und Transparenz), dass ihnen angemessen für ihre Spende gedankt wird und nicht zuletzt, dass sie für ihre Zuwendung eine steuerlich wirksame Zuwendungsbestätigung erhalten. Spender möchten nicht „gemolken" werden, sondern am geförderten Vorhaben teilhaben (Stichwort: Zukunft aktiv mitgestalten).

Partnerschaft, Freundschaft und Vertrauen

Fundraising soll getragen sein vom gemeinsamen Wunsch, etwas „zu bewegen“, zu verändern, zu verbessern – und zwar immer im Hinblick auf das Gemeinwohl. Ihr Ziel sollte sein, zu Ihren Spendern und Förderern ein partnerschaftliches, wenn nicht sogar freundschaftliches Verhältnis aufzubauen. Fördern Sie die Identifikation mit der gemeinsamen Sache, finden Sie den berühmten gemeinsamen Nenner. Bauen Sie Vertrauen auf, indem Sie bedeutende Meilensteine mit Ihren Förderern teilen, sie auch mal ins Projekt einladen, ihnen stets Wertschätzung und Dank entgegenbringen. Kommunikation und Transparenz sollten bei allem, was Sie in puncto Fundraising unternehmen, immer ganz oben auf Ihrer Liste stehen.

Versetzen Sie sich – vor allem zu Beginn Ihrer Kampagne – in Ihre potenziellen Spendenkandidaten hinein: Was bewegt sie? Was ist ihnen wichtig? Welche Verbindung könnten sie zu Ihrem Projekt haben (oder aufbauen)? Was könnte ihnen missfallen? Fragen Sie sich ab und zu: „Wenn Partner XY mein Freund wäre, wie würde ich mich dann verhalten?“ Das nimmt Ihnen den Druck, Ihr Gegenüber überzeugen zu müssen, und gibt Ihnen den Freiraum, einfach Ihre Begeisterung teilen zu können. Denn Ihr Gegenüber spürt diese Begeisterung und lässt sich sicher gerne davon anstecken. Umgekehrt wird es aber auch auffallen, wenn Sie angespannt, unsicher oder unter Druck sind, und dann ist es ungleich schwieriger, den „Funken“ überspringen zu lassen.

Für Qualität einstehen und auch mal „Nein“ sagen

Achten Sie darauf, dass Sie Ihr Projekt oder Ihr Vorhaben von Anfang an so kommunizieren, dass Sie damit einen Mehrwert schaffen möchten. Das bedeutet, dass eine gewisse Qualität gegeben sein muss, denn sonst hat niemand etwas davon. Stehen Sie dazu, dass vernünftige Qualität und ein gutes Angebot für Ihre Schüler ihren Preis haben! Sie möchten ja nicht einfach irgendwas. Denken Sie auch daran, dass sich Ihr Projekt oder Vorhaben herumsprechen wird: Wie möchten Sie wahrgenommen werden? Welchen Standard möchten Sie vertreten? Ihr Projekt wird sich höchstwahrscheinlich auf die Außenwirkung Ihrer Schule auswirken, und das sollte in positiver Weise passieren. Vielleicht soll Ihr Schulprofil gegenüber Ihren Nachbar- und somit Konkurrenzschulen geschärft werden oder Sie möchten Ihre Schule für einen größeren Elternkreis attraktiver machen. Daher müssen Sie darauf achten, dass Sie von Beginn an für Qualität einstehen und diese auch selbstbewusst fordern.

Dazu kann es auch gehören, gut gemeinte Angebote freundlich, aber bestimmt abzulehnen. Nehmen wir an, Ihre Klasse braucht ein neues Keyboard, und das hat sich herumgesprochen. Sie bekommen von einer Nachbarin ein altes Keyboard angeboten: „Ist erst ein paar Jahre alt, das tut es noch! Können Sie geschenkt bekommen."

TIPP

„In diesem Fall sollte man dem geschenkten Gaul doch mal ins Maul schauen!"

Gernot Breitschuh

Hier sollten Sie genau überlegen, ob ein gebrauchtes Keyboard dem Anspruch genügt, den Sie für Ihre Schüler möchten. Wie ist das Instrument gepflegt worden, wo wurde es aufbewahrt, wie alt ist es tatsächlich? Wie gut sind die Tasten erhalten, sind die Matten darin noch flexibel? Welche technischen Möglichkeiten bietet das Instrument, wie sind die Klänge? Hier sollten Sie gut abwägen, ob es nicht letztlich sogar teurer sein kann, ein altes Instrument instandzusetzen, als ein neues anzuschaffen.

TIPP

„Man kann immer gute Argumente finden. ‚Weil ich neu will', ist kein gutes Argument. Aber: ‚Wenn ich alt nehme, dann hat das folgende Konsequenzen: ...' Alles, was ich mache, hat immer eine Konsequenz. Die Restauration kostet mehr als die Neuanschaffung, manche Instrumente sind für Anfänger nicht geeignet, manche alten Instrumente sind einfach nicht mehr ‚appetitlich'. Und dann wird dem Gegenüber auch schnell klar, warum es einfach keinen Sinn macht, so ein Instrument zu übernehmen."

Gernot Breitschuh

Beim Neinsagen sollten Sie behutsam vorgehen, freundlich bleiben und immer gute Argumente parat haben, warum Sie ein Angebot nicht annehmen – oder vielleicht nicht in der Form, in der es Ihnen präsentiert wurde. Im Beispiel des gebrauchten Keyboards könnten Sie vorschlagen, das Gerät zu verkaufen (eBay, Flohmarkt, Annonce usw.) und den Erlös als Spende in Ihre Finanzierung einfließen zu lassen. Wenn Ihnen gleich mehrere gebrauchte Instrumente angeboten werden, können Sie einen Musikerflohmarkt an Ihrer Schule veranstalten – und den Erlös zur Finanzierung nutzen. Man kann alte Instrumente eventuell auch spenden. Es gibt viele Möglichkeiten, ein solches Angebot zwar nicht direkt für Ihr geplantes Projekt zu nutzen, aber auf andere Weise sinnvoll zu verwenden. So stoßen Sie Ihre freundlichen Unterstützer nicht vor den Kopf. Und – keine Frage – wenn das Instrument tatsächlich in Ordnung ist, kann man es selbstverständlich auch annehmen.

Ausprobieren, mutig sein, Neues wagen

Beim Fundraising gibt es nicht das eine Erfolgsrezept. Dafür sind die Menschen, die Fundraising machen, ihre Schulen, ihre Ideen und ihr potenzielles Spender- und Sponsorenumfeld viel zu individuell. Und das ist auch gut so! Wie bereits im Abschnitt „Umgang mit Spendern und Förderern" erwähnt, geht es beim Fundraising zwar um Geld, aber auch um Menschen, um Beziehungen und um gegenseitiges Vertrauen.

Es ist ein Weg, den Sie mutig beschreiten sollten. Lassen Sie Ihre Angst hinter sich und fangen Sie einfach an! Sie sind Musikerin oder Musiker, Sie sind kreativ, Sie sind von Ihrer Idee überzeugt und begeistert, Sie fragen nicht für sich – sondern für Ihre Schüler! Wenn Sie an einer Stelle keine Unterstützung bekommen, fragen Sie anderswo. Wenn es in eine Richtung nicht weitergeht, schlagen Sie einen anderen Weg ein. Ihrem Ideenreichtum und Ihrer Kreativität sind keine Grenzen gesetzt. Nutzen Sie dieses Potenzial!

TIPP

„Einfach machen!"

Jens Illemann

Hinweis zu öffentlichen Geldern

Vielleicht haben Sie sich diese Frage auch schon gestellt: „Was, wenn wir beim Fundraising so erfolgreich sind, dass uns die staatlichen Mittel gekürzt werden?“ Davor brauchen Sie keine Angst zu haben, denn die staatliche Grundversorgung steht allen Schulen gleichermaßen zu – ob mit oder ohne Fundraising. Einer Schule die Mittel zu kürzen, weil sie durch besonders erfolgreiches Fundraising mehr Geld zur Verfügung hat als andere, wäre rechtlich unzulässig. Sollten Sie in eine solche Situation kommen oder doch einmal unsicher sein, lassen Sie sich juristisch beraten.

1.2 HINWEISE ZUM SPONSORING

Im Gegensatz zu Spendern erhalten Sponsoren für ihre Unterstützung üblicherweise eine (geldwerte) Gegenleistung. Im klassischen Fall ist das die Platzierung einer kostenlosen Werbe- oder Image-Botschaft. Sponsoring und Werbung an Schulen sind klaren Regeln unterworfen und nicht in allen Fällen erlaubt. Jedes Bundesland hat diesbezüglich eigene Bestimmungen. Wie es speziell in Ihrem Bundesland aussieht, können Sie im Anhang ab Seite 117 nachlesen („Rechtliche Bestimmungen der Bundesländer zu Werbung und Sponsoring an Schulen“). Beispielsweise versteht es sich von selbst, dass Werbung zu politischen und/oder weltanschaulichen Zwecken an Schulen verboten ist.

Sponsoring fällt außerdem in den Bereich des „wirtschaftlichen Geschäftsbetriebs“ und kann somit steuerpflichtig werden (siehe Kapitel 4.1, Abschnitt „Gründungskosten und Steuerpflicht“). Das soll allerdings nicht bedeuten, dass Sponsoring an sich schlecht oder nicht zu empfehlen ist. Sie sollten sich vorab nur gut informieren und im Zweifelsfall juristisch beraten lassen.

TIPP

„Ich arbeite gern mit Sponsoren, weil es dann eine ganz klar definierte Geschäftsbeziehung ist zwischen einem Sponsor, der eine Leistung in Form von verschiedener Art von Werbung bekommt, und mir als Sponsoringnehmer, der eine Finanzleistung oder eine anders geartete Leistung bekommt. Ich trenne da ganz klar zwischen: Das ist Spende und das ist Leistung.“

Jens Illemann

1.3 BRAUCHE ICH EINEN VERTRAG?

Wenn Sie Ihr Projekt über Sponsoren finanzieren, lautet die Antwort ganz klar: Ja! Durch Sponsoring bekommen Unternehmen einen PR-technischen Vorteil gegenüber ihren Wettbewerbern. Daher sollte eindeutig vertraglich geregelt sein, in welcher Form das Sponsoring erfolgt. Gerade im Hinblick auf die Vorschriften zu Sponsoring an Schulen ist dies unerlässlich. Der Vertrag muss die Leistung und die Gegenleistung umfassen, aber auch die Grenzen des Sponsorings. Ein Einfluss auf die schulischen Inhalte durch den Sponsor wäre z. B. unzulässig. Im Anhang auf Seite 128 finden Sie ein Muster für einen Sponsoringvertrag, den Sie allerdings nicht ungeprüft und unverändert übernehmen sollten. Nutzen Sie ihn als Grundlage, aber lassen Sie Ihre Verträge sicherheitshalber von einem Anwalt prüfen (fragen Sie doch mal in der Elternschaft nach einem Anwalt, der das ehrenamtlich für Sie macht!).

Aber auch, wenn Privatpersonen aus ihrem persönlichen Vermögen Geld für einen gemeinnützigen Zweck spenden, ist es je nach Situation angebracht, einen Vertrag aufzusetzen. So ist für beide Seiten geregelt, was voneinander zu erwarten ist (z. B. eine Namensplakette als Würdigung für die großzügige Spende, regelmäßiger kostenfreier Eintritt zu Veranstaltungen etc.) und was nicht. Fragen Sie Ihre potenziellen Spender am besten ganz offen, ob Sie einen Vertrag wünschen oder nicht. Das fördert nicht nur das gegenseitige Vertrauen, sondern zeigt auch, dass Sie bereit sind, auf individuelle Wünsche einzugehen.

1.4 WAS HAT FUNDRAISING MIT ETHIK ZU TUN?

Es gibt nicht nur rechtliche Grundlagen zum Thema Fundraising, sondern auch ethische. Mit ihnen sollten Sie sich – wenigstens in Grundzügen – vertraut machen. Der Deutsche Fundraising Verband (DFRV) hat sich und seinen Mitgliedern „Grundregeln für eine gute, ethische Fundraising-Praxis“ gegeben, die unter anderem folgende Punkte enthalten:

- Die Würde des Menschen, der Schutz des Lebens und das geltende Gesetz sind unbedingt einzuhalten.
- Die Tätigkeit des Fundraisings soll von Solidarität und gegenseitigem Helfen getragen sein.
- Fundraising soll transparent sein, es soll also z. B. jederzeit nachvollziehbar sein, wie Gelder verwaltet werden und wofür sie eingesetzt werden.

- Fundraising soll fair sein. Die freie Entscheidung der Geldgeber soll jederzeit gewährleistet sein.
- Die Privatsphäre und der Datenschutz sind unbedingt einzuhalten.

Außerdem gibt es vom DFRV eine „Charta der Spenderrechte“, in der sich Spendenempfänger unter anderem zu Folgendem verpflichten:

- Achtung der freien Entscheidung der Spender
- Transparenz
- Datenschutz

Beide Dokumente sind zwar nur für Mitglieder des DFRV wirklich bindend, geben aber auch Nicht-Mitgliedern einen guten Rahmen vor, innerhalb dessen Fundraising und Spendensammeln stattfinden kann. Die vollständigen Ethikregeln finden Sie im Anhang ab Seite 143, die komplette Charta der Spenderrechte ab Seite 147.

UND JETZT?

Sie wissen jetzt, was Fundraising ist, was Sie dabei beachten sollten und was Sie erwartet, wenn Sie ein Projekt mithilfe von Fundraising finanzieren wollen. Sie haben erkannt, dass Fundraising kein Hexenwerk ist und auch keine Quantenphysik. Jeder kann Fundraising betreiben!

Im folgenden Kapitel 2 („Wo fange ich an?“) beginnen Sie mit Ihrer Zielformulierung und machen eine Bedarfsanalyse. Sie prüfen Ihren Bestand und gleichen Ihr „Was will ich?“ mit Ihrem „Was habe ich denn schon?“ ab. Dadurch legen Sie den Grundstein für Ihre Fundraising-Kampagne, deren Planung Sie sich dann in Kapitel 3 widmen („Wie bereite ich meine Fundraising-Kampagne vor?“). Los geht's!

2

WO FANGE ICH AN?

Der Start Ihrer Fundraising-Kampagne ist eine klassische „Bedarfsfeststellung". Auf der einen Seite steht die Frage: Was möchten Sie machen (Kapitel 2.1)? Und auf der anderen Seite: Was brauchen Sie dazu (Kapitel 2.2) bzw. was haben Sie schon (Kapitel 2.3)? Aus dieser Gegenüberstellung ergibt sich Ihr Bedarf (finanziell, personell usw.), sodass Sie anschließend das genaue Ziel Ihrer Fundraising-Kampagne festlegen können.

2.1 MEIN ZIEL FORMULIEREN

Beginnen Sie damit, sich genau zu notieren, was Ihr Ziel ist (Zielformulierung). Das können neue Instrumente für den Musikraum sein, ein (neues oder verändertes) Projekt, eine Veranstaltung, eine Instrumentalklasse, eine neue Soundanlage für die Aula usw. Eventuell greifen Sie dabei auf – vielleicht schon lange bestehende – Wünsche der Schüler, Eltern oder des Kollegiums zurück. Oder Ihre Schulleitung hat Sie um Vorschläge gebeten, wie man das Schulprofil neu (oder anders) musikalisch ausrichten kann, möglicherweise in Abgrenzung zu Ihren Nachbarschulen (Stichwort: Konkurrenz, Profil schärfen). Gründe und Ideen für musikalische „extracurriculare Aktivitäten" gibt es ja genügend.

Formulieren Sie Ihr übergeordnetes Ziel mit möglichst konkreten Worten: Um was genau geht es bei Ihrem Projekt? Nehmen Sie ein Blatt Papier und schreiben Sie eine konkrete Zielformulierung auf, z. B.:

- „Eine Bläserklasse im neuen 5. Jahrgang aufbauen"
- „Mit dem Mittelstufenchor eine Chorfahrt inklusive Stimmcoaching realisieren"

Eine Bläserklasse
im neuen
5. Jahrgang
aufbauen

Hängen Sie das Blatt an einer Stelle auf, an der Sie mehrmals täglich vorbeikommen – so haben Sie Ihr Ziel immer im Blick!

Diese fünf Fragen helfen Ihnen, Ihre Zielformulierung klar und deutlich zu formulieren:

1. Was will ich umsetzen?

   Formulieren Sie Ihr „Was“ möglichst in nur einem Stichwort (z. B. Bläserklasse).

2. Für wen/mit wem will ich es umsetzen?

   Wen betrifft das Ziel, wer profitiert davon (z. B. die Schüler des 5. Jahrgangs)?

3. (Bis) Wann will ich es umsetzen?

   In welcher Zeit soll Ihr Ziel erreicht werden (z. B. zum Beginn des nächsten Schuljahrs)?

4. Ist mein Ziel angemessen und erreichbar?

   Haben Sie sich weder zu wenig noch zu viel vorgenommen (z. B. Bläserklasse erst mal für einen Jahrgang – nicht gleich für alle)?

5. Ist mein Ziel motivierend formuliert?

   Formulieren Sie Ihr Ziel positiv, bevorzugen Sie Verben („aufbauen“, „realisieren“, „erreichen“), streichen Sie Formulierungen mit „nicht“.

2.2 MEINEN BEDARF ANALYSIEREN

Nachdem Sie Ihr übergeordnetes Ziel formuliert haben, nehmen Sie sich etwas Zeit und sammeln möglichst viele Aspekte, die für Ihre Zielerreichung nötig oder bedeutsam sind (Bedarfsanalyse). Nutzen Sie zu Beginn gerne eine Visualisierungstechnik, z. B. Mindmapping, oder machen Sie ein Brainstorming.

Wenn Sie z. B. eine Mindmap machen, erfassen Sie zunächst unsortiert alles, was Ihnen zu Ihrem Ziel in den Sinn kommt. Im Prozess stellt man häufig fest, dass einem Dinge einfallen, an die man anfangs gar nicht gedacht hätte, denn durch die vernetzte Struktur des Gehirns kommt man sprichwörtlich „vom Hölzchen aufs Stöckchen". Probieren Sie es aus!

Wenn Sie genug Aspekte gesammelt haben, können Sie sie thematisch bündeln und Ihren Bedarf weiter konkretisieren. Sprechen Sie auch mit Schülern, Kollegen, Freunden, dem Partner usw. über Ihre Pläne. Oft hilft der Blick von außen, um bisher ungeahnte Aspekte zu erkennen oder neue Ideen wachsen zu lassen.

Wichtig: Verbannen Sie bei der Bedarfsanalyse Gedanken wie „Das wird doch eh zu teuer!", „Das macht doch keiner mit!" oder „Ich finde ohnehin niemanden, der mich dabei unterstützt!" aus Ihrem Kopf. Damit setzen Sie sich nur unnötig unter Druck, und Stress blockiert Ihre Kreativität. Genau die brauchen Sie aber, um gute Ideen, Vorschläge und Lösungsansätze zu finden! Denken Sie erst einmal groß – Abstriche können Sie hinterher immer noch machen.

Bläserklasse im neuen 5. Jahrgang aufbauen
Lehrwerk auswählen und beschaffen
(Leih-)Instrumente auswählen und beschaffen
Kooperation mit potenziellen Instrumentallehrern
Erste Auftrittsmöglichkeiten organisieren
Partituren auswählen, mit passenden Stimmauszügen
Werbung für das Angebot in den jetzigen 4. Klassen machen
Instrumentenkarusell zur Auswahl der Instrumente für Schüler organisieren

2.3 MEINEN BESTAND PRÜFEN

Machen Sie im nächsten Schritt eine ehrliche Bestandsaufnahme – immer mit Ihrer Zielformulierung im Hinterkopf. Wo stehen Sie? Welche Möglichkeiten haben Sie? Was haben Sie schon, was brauchen Sie noch? Was haben Sie, was Sie nicht brauchen, aber zu Geld machen können (z. B. ungenutzte Instrumente)? Wen kennen Sie, der Ihnen helfen kann? Zu wem möchten Sie neue Kontakte aufbauen?

Gehen Sie strukturiert an die Sache heran und erfassen Sie genau, wie es momentan um Ihre Ausstattung, Ressourcen, Instrumente, Technik etc. steht. Stellen Sie sich dabei zu jedem Bereich, den Sie überprüfen, diese drei Leitfragen:

1. Was haben wir?

   Machen Sie Inventur! Dabei können Sie auch Ihre Schüler einbinden.

2. Was taugt noch, was nicht?

   Erfassen Sie, welche Teile Ihrer Ausstattung noch brauchbar sind und welche nicht. Welchen Standard möchten Sie für die Ausstattung an Ihrer Schule aufrechterhalten oder neu aufbauen?

3. Was brauchen wir?

   Notieren Sie zum Schluss, was Ihnen für Ihr Projekt noch fehlt.

In den folgenden Abschnitten haben wir für Sie Checklisten zu den wichtigsten Bereichen vorbereitet (Instrumente, Technik). Diese können Sie leicht an Ihre eigenen Bedürfnisse anpassen oder zur Orientierung verwenden, wenn Sie für Ihr Projekt andere Themenbereiche abdecken möchten.

Checklisten sind immer ein gutes Hilfsmittel, um übersichtlich und strukturiert die aktuelle Lage zu erfassen. Meistens kann man mehr Häkchen machen, als man anfangs erwartet hätte, denn viele Dinge hat man nicht mehr im Kopf. Vielleicht hat ein Kollege mal etwas angeschafft, was nie genutzt wurde, usw. Gleichen Sie die Punkte der Checkliste mit Ihrem Ergebnis aus Kapitel 2.2 ab (Bedarfsanalyse). So stellen Sie fest, was für die Erreichung Ihres Ziels bereits vorhanden ist und was Sie noch organisieren (und finanzieren) müssen.

Beachten Sie bei diesem Schritt unbedingt Folgendes: Keine Scheu vor vermeintlich hohen Kosten! Bei diesen ersten Schritten geht es nicht darum, jetzt schon Kosten einzusparen oder Ihr Angebot möglichst billig zu planen! Schauen Sie erst einmal ganz neutral, worin für Ihr

Projekt die Differenz besteht zwischen „Was will ich?“ und „Was habe ich?“. Später werden Sie sich auf die Suche nach überzeugenden Argumenten für Ihren Preis machen (siehe Kapitel 3.3 „Überzeugende Argumente entwickeln“).

Instrumente

Nehmen Sie einmal Ihre Klasseninstrumente unter die Lupe. Wie alt sind sie? Sind sie für Ihre Schüler überhaupt geeignet (siehe Expertentipp)? Gibt es welche, die gar nicht mehr verwendet werden oder sogar kaputt sind? Welche Instrumente fehlen?

Manchmal sammeln sich über die Zeit eine Menge Instrumente im Klassenzimmer an. Räumen Sie einmal richtig auf, binden Sie Ihre Schüler mit ein und schauen Sie gemeinsam, welche „Schätze“ in den Schränken liegen. Vielleicht haben Sie zwar genug Instrumente, aber genau die falschen! Überlegen Sie, ob und wie Sie solche ungenutzten Instrumente zu Geld machen können. Vielleicht haben Sie sogar genug Instrumente und Zubehör, um einen Flohmarkt veranstalten zu können, dessen Erlös Sie wiederum für Ihre Finanzierung nutzen können.

Wie werden Ihre Instrumente instand gehalten? Welche Kosten fallen dafür pro Schuljahr an? Kann man hier vielleicht Kosten einsparen? Wie hoch ist der Reparaturaufwand? Sollten Geräte mit häufigen Reparaturen vielleicht besser durch neue ersetzt werden?

TIPP

„Nehmen Sie z. B. eine kostengünstige Trompete. Man denkt oft: ‚Für den Anfang reicht das.‘ Und sie sieht sogar aus wie eine Trompete. Aber das Material ist so schwerfällig und die Maschine so anfällig, dass diese Trompete viel schwieriger zu spielen ist. Am Ende heißt es dann: ‚Wir waren alle nie musikalisch.‘ Dabei war es nur ein schlechtes Instrument und nicht ein unmusikalischer Schüler.“

Gernot Breitschuh

CHECKLISTE: INSTRUMENTE

Folgende Instrumente sind vorhanden:	Stück	einsatz-bereit	defekt
Gitarre			
Bass			
Keyboard			
Klavier			
Schlagzeug			
Xylofone, Metallofone, Glockenspiele			
Kleinperkussion			
Große Trommeln			
Becken			
Posaune			
Querflöte			
Klarinette			
Blockflöte			

Folgende Instrumente sind vorhanden:	Stück	einsatz-bereit	defekt
Tuba			
Horn			
Saxofon			
Fagott			
Oboe			
Geige			
Bratsche			
Cello			
Kontrabass			
Boomwhackers			
Cajon			
Effektinstrumente			
Notenständer			
Sonstige			

Meine Instrumente werden regelmäßig gereinigt und gewartet …	Ja	Nein
… von mir.	Ja	Nein
… von jemand anderem.	Name	
Kosten für Reinigung und Wartung (monatlich/jährlich)	Euro	
Alle Instrumente sind versichert.	Ja	Nein
Wenn ja: Bei welcher Versicherung?	Name	
Jährliche Kosten (gesamt) für die Instrumentenversicherung	Euro	

Technische Ausstattung

Die technische Ausstattung ist in vielen Schulen ein großes Thema. Der technische Fortschritt geht rasant vonstatten und manche Schulleitung fragt sich, warum man viel Geld in eine moderne Soundanlage stecken soll, wenn diese doch nur ein- oder zweimal im Schuljahr benutzt wird. Hier brauchen Sie gute Argumente und ein bisschen Hartnäckigkeit.

Erfassen Sie zunächst die vorhandenen technischen Mittel und Anlagen. Welche Ausstattung hat Ihr Klassenzimmer, welche die Aula? Was würden Sie sich wünschen, wenn Sie bei der Auswahl absolute finanzielle Freiheit hätten? Aus welchen Gründen würden Sie gerade diese und keine andere Ausstattung wählen? Diese Gründe können Ihnen später als gute Argumente dienen.

Überlegen Sie außerdem, wie man die neue Ausstattung zusätzlich nutzen könnte, um die Anschaffung kosteneffizienter zu gestalten. Könnten Sie die Technik (oder Teile davon) eventuell verleihen oder eine Kooperation mit der Nachbarschule oder einem Verein aufnehmen?

UND JETZT?

Jetzt haben Sie den ersten Schritt für Ihre Fundraising-Kampagne vollendet: Sie haben Ihr Projektziel klar formuliert, Ihren Bedarf festgestellt und geschaut, was an Ihrer Schule bereits für Ihr Projekt vorhanden ist.

Im folgenden Kapitel 3 („Wie bereite ich meine Fundraising-Kampagne vor?“) setzen Sie sich unter anderem mit folgenden Fragen auseinander: Wer kommt in mein Team? Welchen Betrag will ich finanzieren? Wie ziehe ich meine Fundraising-Kampagne auf? Wie überzeuge ich Geldgeber von meiner Idee? Was sind gute Argumente?

CHECKLISTE: TECHNISCHE AUSSTATTUNG

In der Aula	Stück	einsatz-bereit	defekt
Lautsprecher			
Verstärker			
Mischpult			
evtl. externe Equalizer			
Verkabelung			
Solo-Mikrofone			
Raum-Mikrofone			
Funk-Mikrofone			
Aufnahmefunktion/-geräte			
CD-Player			

Welche Funktionen sind (noch) nutzbar?
Welche Funktionen sind nicht (mehr) nutzbar?
Welche Funktionen brauchen wir?
Wie oft wird die Anlage derzeit genutzt?

Im Musikraum	Stück	einsatz-bereit	defekt
Lautsprecher			
Verstärker			
Mischpult			
evtl. externe Equalizer			
Verkabelung			
Solo-Mikrofone			
Raum-Mikrofone			
Funk-Mikrofone			
Aufnahmefunktion/-geräte			
CD-Player			
Effektgeräte			

Welche Funktionen sind (noch) nutzbar?
Welche Funktionen sind nicht (mehr) nutzbar?
Welche Funktionen brauchen wir?
Wie oft wird die Anlage derzeit genutzt?

3

WIE BEREITE ICH MEINE FUNDRAISING-KAMPAGNE VOR?

In diesem zweiten Schritt geht es darum, Ihre Fundraising-Kampagne zu planen und ordentlich vorzubereiten. Wen holen Sie in Ihr Team? Wem möchten Sie Ihr Projekt vorstellen, wie möchten Sie es darstellen? Haben Sie schon Kontakte zu potenziellen Geldgebern oder fangen Sie „bei null" an? Jetzt bereiten Sie ihr Projekt grundlegend vor, damit Sie im Anschluss einen soliden Fundraising-Fahrplan aufstellen können.

In diesem Kapitel dreht sich alles darum, wie Sie Ihre Fundraising-Kampagne passend zu Ihrem Projekt gestalten können, damit Sie sie im Anschluss wirkungsvoll umsetzen können (siehe Kapitel 5 „Los geht's!").

3.1 EIN PROJEKTTEAM GRÜNDEN UND KONTAKTE ERFASSEN

Suchen Sie sich geeignete Mitstreiter, die Sie bei Ihrem Vorhaben – also sowohl bei Ihrem Projekt selbst als auch beim Fundraising für Ihr Projekt – unterstützen. Das können natürlich Kollegen sein, aber auch Bekannte/Freunde, Eltern oder andere Personen aus Ihrem Umfeld. Stellen Sie ein Team aus Gleichgesinnten zusammen, damit Sie die anstehenden Aufgaben auf mehrere Personen verteilen können.

Sie sollten sich von Anfang an klarmachen, dass so ein Fundraising-Projekt zwar großen Spaß macht, es dafür aber auch Zeit, Engagement und manchmal ein bisschen Hartnäckigkeit braucht. Das sollten Sie Ihrem Team auch genau so sagen. Wer danach immer noch mitmachen will, wird eine wertvolle Bereicherung sein!

Abgesehen von Ihrem „Kernteam" sind auch weitere gute Kontakte wichtig, um z. B. Hilfe bei Themen zu bekommen, mit denen Sie sich nicht so gut auskennen (Internet, Social Media, Technik, bestimmte Instrumente usw.). Kontakte zu einflussreichen Personen können für die Verbreitung Ihres Anliegens in bestimmten Kreisen sehr hilfreich sein (kennt Ihre Schulleitung z. B. den Bürgermeister/die Bürgermeisterin oder wichtige Vereinsvorstände?). Oft ist uns gar nicht bewusst, wie viele gute Kontakte wir bereits haben. Denken Sie allein an Ihren engeren Freundeskreis und die verschiedenen Berufe, die darin vertreten sind. Oft haben Menschen in unserem Umfeld auch Hobbys, für die sie ein bestimmtes Know-how benötigen.

TIPP

„Machen Sie sich bewusst, was für ein Potenzial in 1.000 Eltern steckt! Was man oft hat: In der Elternschaft sind Leute, die im Bereich Werbung arbeiten, und es gibt auch immer mal einen Fotografen oder einen Redakteur. Also da einfach mal mit Kollegen oder auch mit der Schulleitung sprechen: ‚Gibt`s jemanden unter den Eltern, der etwas in der Richtung macht?'"

Jens Illemann

Erfassen Sie Ihre Kontakte (und die Ihres Teams) gründlich „von innen nach außen": Schauen Sie zunächst, welche Kontakte Sie bereits haben (hier vor allem: die Eltern Ihrer Schüler, siehe Expertentipp). Überlegen Sie dann, welche Kontakte Ihre Kollegen, die Schulleitung, Dienstleister Ihrer Schule usw. mitbringen. Dieses Netzwerk können Sie auch gut mit einer Mindmap oder einer anderen Visualisierungsform darstellen. Die folgende Checkliste kann weitere wichtige Anhaltspunkte liefern.

CHECKLISTE: KONTAKTE/ANSPRECHPARTNER

In meinem privaten Umfeld gibt es „Spezialisten“ für ...		
In meinem beruflichen Umfeld gibt es „Spezialisten“ für ...		
Meine Schulleitung hat Kontakte zu ...		
Für mein konkretes Anliegen habe ich bereits folgende gute/ passende Kontakte ...		
Haben wir einen Förderverein?	Ja	Nein
Falls nein: Mit wem kann ich einen Förderverein gründen (siehe Kapitel 4.1 „Der Förderverein“, Abschnitt „Einen Förderverein gründen“)?		
Haben wir Kontakte zu Verantwortlichen aus der Politik (Bürgermeister, Gemeinde-/Stadtrat usw.)?	Ja	Nein
Zu wem genau?		
Welche Kontakte fehlen uns noch? Zu welchem (Themen-)Bereich?		
Wie kommen wir an diese Kontakte?		

3.2 GEEIGNETE GELDGEBER IDENTIFIZIEREN

Nachdem Sie Ihr Team „eingeschworen" haben und sich einen Überblick über vorhandene und eventuell noch fehlende Kontakte verschafft haben, überlegen Sie nun, wen Sie für Ihr Projekt als Geldgeber gewinnen möchten (und können). Geht es etwa um ein Konzert der Schülerband in der Aula, können Sie Eltern, Großeltern, Freunde, Bekannte und Verwandte ansprechen. Geht es um die technische Ausstattung Ihrer Klasse oder der Aula, lohnt es sich eventuell, auf den örtlichen Elektrofachhandel oder Musikgeschäfte zuzugehen. Wenn Sie für Ihre Musik-AG am Nachmittag oder für eine Orchesterklasse Musiklehrer finanzieren möchten, informieren Sie sich über Kooperationsmöglichkeiten mit ansässigen Musikschulen oder freien Musiklehrern. Auch Kulturzentren oder Ihre Stadt fördern gegebenenfalls ein solches Projekt. Im folgenden Kapitel 4 („Den richtigen Partner finden") haben wir für Sie viele Anregungen zusammengestellt, wen Sie als Geldgeber aktivieren können.

Sie sollten sich bei Ihren Überlegungen stets auch die Frage stellen, welchen Nutzen es Ihren potenziellen Finanzierungspartnern bringt, sich an Ihrem Projekt zu beteiligen. Beim Sponsoring liegt der Nutzen ganz klar in der werblichen Gegenleistung, die vertraglich zu regeln ist (siehe Kapitel 1.2 „Hinweise zum Sponsoring" und 1.3 „Brauche ich einen Vertrag?"). Aber auch bei privaten Spendern und Unterstützern kann man meist einen Nutzen ausmachen, der allerdings eher emotional-ideeller Natur ist: Eltern wünschen sich ein breites musisch-kulturelles Schulangebot und dass ihre Kinder Spaß in der Schule haben. Das örtliche Blasorchester wünscht sich Nachwuchs (Stichwort: Orchesterklasse). Der Inhaber einer kleinen Firma aus der Nachbarschaft hat ein Herz für Kinder, aber selbst keine Enkel, und würde mit seiner Frau gerne regelmäßig Konzerte von Kindern besuchen (z. B. vom Schulorchester). Wenn Sie sich Ihr Umfeld näher betrachten, werden Sie schnell feststellen, wer welches Interesse an und welchen Nutzen von Ihrem geplanten Projekt haben könnte. Diese Vorab-Überlegungen bzw. Recherchen sollten Sie also möglichst intensiv betreiben, damit Sie geeignete und passende Geldgeber identifizieren.

Geldgeber richtig ansprechen

Es gibt verschiedene Möglichkeiten, auf welchem Weg Sie Ihre potenziellen Geldgeber ansprechen können. Überlegen Sie daher mit Ihrem Team, welche Kommunikationsstrategie für Ihre Zielgruppe die passende ist. Dies wird später ein wichtiger Bestandteil Ihres Fundraising-Fahrplans.

Wenn Sie sich bei einer Stiftung oder für ein Förderprogramm bewerben, gibt es möglicherweise feste (Online-)Formulare, an die Sie sich halten müssen (siehe Kapitel 4.2.3 „Stiftungen"). Wenn Sie die Elternschaft ansprechen möchten, kann ein Elternbrief ein guter erster Schritt sein (siehe Kapitel 5.1 „Meine Fundraising-Maßnahmen", Abschnitt „Wie schreibe ich einen Elternbrief?"). Wenn Sie Geschäfte oder Unternehmen gewinnen möchten, lohnt sich meist ein Anruf oder gleich ein persönlicher Besuch, da ein Brief oder eine E-Mail womöglich in der täglichen „Flut" untergeht. Um eine größere Spendergruppe auf Ihr Projekt aufmerksam zu machen, können Sie z. B. eine Homepage erstellen oder eine Seite bei Facebook einrichten.

Bei allen Überlegungen zu Kommunikationsmöglichkeiten mit Ihren Geldgebern sollten Sie zwei Dinge besonders beachten:

1. Das Kommunikationsmittel Ihrer Wahl muss zum Empfänger passen und diesen auch erreichen. Wenn Sie zu einem Flashmob einladen möchten (siehe Kapitel 4.4 „Werden Sie kreativ!"), bieten sich vor allem Soziale Medien als Verbreitungskanal an. Für einen (einmaligen oder wiederholten) Spendenaufruf eignet sich wiederum ein klassischer Brief – im Idealfall mit namentlicher Ansprache.
2. Der Kommunikationsaufwand sollte immer im Verhältnis zum Ergebnis stehen! Eins der Ziele jedes Fundraisings ist es, effizient mit Ihren Ressourcen (d. h. mit Ihrer Zeit und Ihrem Budget) umzugehen. Wenn Sie also die Elternschaft Ihrer Schule zum Spenden animieren wollen, stecken Sie ruhig etwas Arbeit in personalisierte Elternbriefe. Dafür extra eine neue Projekthomepage zu erstellen, wäre aber wohl ein bisschen zu viel des Guten. Stellen Sie sich zwischendurch also immer wieder die Frage: „Bringt der Aufwand das gewünschte Ergebnis?"

Legen Sie eine übersichtliche Liste Ihrer potenziellen Geldgeber an und erfassen Sie darin alle Informationen, die für Ihre Fundraising-Kampagne relevant sind:

Name des potenziellen Geldgebers	Welches Interesse hat diese Person an meinem Projekt?	Mit welchen Argumenten kann ich diese Person überzeugen?	Auf welchem Weg spreche ich diese Person an?	Welche Summe kann ich durch diese Person erhalten (geschätzt)?
Andrea Walter	Leiterin des örtlichen Blasorchesters	Gut ausgebildete Nachwuchsbläser	Anruf	Ca. 150 Euro
Firma Franke GmbH	Stellt Blasinstrumente her	Sponsoring: Firmenname auf allen Instrumenten, Werbung bei Konzerten, Nennung in allen Zeitungsartikeln über die neue Bläserklasse	Anruf, persönliches Gespräch mit dem Inhaber	Instrumente für ca. 10.000 Euro

3.3 ÜBERZEUGENDE ARGUMENTE ENTWICKELN

Sammeln Sie überzeugende Argumente für Ihr Projekt. Hierzu können Sie unter anderem auf Ihre Zielformulierung aus Kapitel 2 „Wo fange ich an?“ zurückgreifen. Was ist das Ziel Ihres Projekts, was möchten Sie damit erreichen, welcher Mehrwert soll daraus entstehen? Wer hat etwas davon (z. B. die Schüler der neuen Bläserklasse, die ein Instrument lernen können) und wer hat ein Interesse daran, das zu unterstützen (z. B. deren Eltern oder das örtliche Blasorchester, das schon lange Nachwuchsprobleme hat)?

Versuchen Sie die Frage „Was bringt das?“ aus möglichst vielen Blickwinkeln zu betrachten (z. B. aus Sicht der Schüler, der Eltern, der Schulleitung, des Kollegiums, der Anwohner, der ansässigen Firmen und Vereine, der Nachbarschule usw.). Sammeln Sie ebenso Argumente, die gegen Ihr Vorhaben sprechen, denn dann können Sie bereits im Vorfeld gute Gründe finden, warum man Ihr Projekt trotzdem unterstützen sollte. Hierzu können Sie z. B. gut die Kopfstandmethode einsetzen.

Enttarnen Sie auch vermeintliche Gründe, die in Wirklichkeit Ausreden oder Zweifel sind, z. B.: „Das haben wir noch nie gemacht!“, „Wir finden sowieso keine Unterstützer!“ oder „Was, wenn es nicht klappt?“. Legen Sie Ihren Fokus auf die Lösung, nicht auf das vermeintliche Problem. Fragen Sie sich: „Ist das wirklich ein Problem?“ Oft haben wir nur Angst vor der Veränderung oder uns fehlen Informationen, und dann sind wir verunsichert. Sprechen Sie Ängste und Zweifel offen in Ihrem Team an und finden Sie gemeinsam die richtigen Antworten. Und denken Sie immer daran: Aufgeben ist keine Option!

TIPP

„Wenn mir jemand sagt: ‚Das geht nicht, weil …‘, dann kehre ich es um und frage: ‚Warum geht es trotzdem?‘ Eigentlich kann es überall ein für die eigene Schule passendes Projekt und Konzept geben. Denn die Organisation bleibt individuell.“

Gernot Breitschuh

Beachten Sie: Sie können Ihr Gegenüber am besten mit ganz konkreten Argumenten überzeugen. Aussagen wie „Das hat vor uns noch keiner gemacht“ oder „Das fördert die sozialen Fähigkeiten unserer Schüler“ sind viel zu allgemein und klingen wenig überzeugend. Fragen Sie sich lieber: Worin liegt der konkrete, „greifbare“ Nutzen meines Vorhabens? Was ist wirklich das Besondere an meinem Projekt, wodurch es sich von anderen – vielleicht ähnlichen – Vorhaben abhebt? Denken Sie dabei an die Individualität Ihrer Schüler (Beispiel: Schüler aus der Bläserklasse haben zwei Jahre in Folge Musikpreise gewonnen – Argument für die Erweiterung des Bläserklassenangebots), an die Besonderheiten Ihrer Schule (Beispiel: Ihre Schule ist Teil eines Schulzentrums – Argument für schulübergreifende Projekte), an Ihr schulisches Angebot insgesamt (Beispiel: Die Theater-AG möchte ein Musical aufführen – Argument für die Gründung eines Schulorchesters) usw.

Für eine gute Argumentation müssen Sie sich im Vorfeld bereits alle Fragen gestellt haben, mit denen Sie eventuell konfrontiert werden könnten – auch und besonders die kritischen! Nur so können Sie Zweifel ausräumen, angemessen mit gut gemeinten Ratschlägen umgehen, Kritik entschärfen und Unklarheiten aufseiten Ihres Fundraising-„Publikums“ beseitigen.

Sollten Sie planen, Ihr Projekt bei einer Stiftung einzureichen, dann legen Sie jetzt den Grundstein für Ihren Förderantrag. Stiftungen bekommen jeden Tag unzählige solcher Anträge, daher muss Ihr Projekt nicht nur zum Profil der Stiftung passen, sondern Ihre Argumente müssen auch konkret und überzeugend sein (siehe Kapitel 4.2.3 „Stiftungen“).

Sammeln Sie Ihre Argumente am besten schriftlich, in etwa so:

Unsere Idee: Wir bauen eine Bläserklasse im neuen 5. Jahrgang auf!

Warum machen wir das? Argumente für unser Projekt:

1. Die Kinder sollen die Möglichkeit bekommen, im Rahmen der Klassengemeinschaft ein Instrument zu erlernen. Das fördert den Klassenzusammenhalt und die Freude am gemeinsamen Musizieren.
2. Wir möchten auch Kinder ans Musizieren heranführen, die privat nicht die Möglichkeit haben, ein Instrument zu lernen (z. B. aus sozial benachteiligten Familien).
3. Wir möchten den Kindern eine langfristige/nachhaltige Freude am Musizieren vermitteln.
4. Die Kinder sollen die Möglichkeit bekommen, mit ihrer Klasse = ihrem Blasorchester auf der Bühne zu stehen. Dadurch erleben sie gemeinsam Erfolge. Das stärkt die Klassengemeinschaft/den Klassenzusammenhalt und das Selbstbewusstsein.
5. Jedes Kind kümmert sich eigenverantwortlich um sein Leihinstrument. Das stärkt das Verantwortungsbewusstsein.

3.4 BIN ICH STARTBEREIT?

Bevor Sie im nächsten Schritt mit Ihrer Fundraising-Kampagne beginnen, überprüfen Sie noch einmal, ob Sie alle nötigen Vorbereitungen getroffen haben:

CHECKLISTE: VORBEREITUNG MEINER FUNDRAISING-KAMPAGNE

Ich bin zu 100 % von meinem Projekt, seinem Sinn und Zweck überzeugt.	
Ich habe für mein Projekt ein klares, realistisches und überzeugendes Ziel formuliert.	
Ich habe ein Team aus Gleichgesinnten aufgestellt, das mich bei allen Aufgaben unterstützt und voll hinter unserem Projekt steht.	
Meine Schulleitung unterstützt sowohl mein Projekt als auch meinen Plan, es mithilfe von Fundraising (Spenden/Sponsoring) zu finanzieren.	
Ich habe passende Ansprechpartner ausgewählt, die die Zielgruppe meiner Fundraising-Kampagne bilden.	
Ich habe gute Argumente, mit denen ich meine Zielgruppe von meinem Projekt, seinem Sinn und Zweck überzeugen kann.	

UND JETZT?

Wenn Sie überall ein Häkchen machen konnten, haben Sie Ihre Fundraising-Kampagne schon sehr gut vorbereitet und sind bereit für den nächsten Schritt: den Start in die „heiße Phase“. Alles, was dazu wissenswert und nötig ist, finden Sie in Kapitel 5 („Los geht's!“). Vorher gibt es in Kapitel 4 („Den richtigen Partner finden“) noch eine Menge Anregungen und Informationen zu möglichen Ansprechpartnern, zu Stiftungen, Vereinen, Crowdfunding, Kooperationen usw.

4

DEN RICHTIGEN PARTNER FINDEN

Wie bereits in Kapitel 3.2 „Geeignete Geldgeber identifizieren" erwähnt, hängt die Wahl der Zielgruppe Ihrer Kampagne zu großen Teilen davon ab, für welche Idee Sie Unterstützer gewinnen möchten. Sie können die Elternschaft oder die Nachbarn Ihrer Schule ansprechen, Unterstützung vom Förderverein bekommen, Unternehmen in Ihrer Region aktivieren, sich an Stiftungen wenden oder an Ausschreibungen und Wettbewerben teilnehmen. Entscheiden Sie selbst, welcher Weg für Ihr Projekt der beste ist.

TIPP

„Ich kenne eine Schule, die hat ohne zusätzliche Finanzierung eine Instrumentalklasse eingerichtet. Die haben von vornherein Mut zum Preis gelebt und offen mit den Eltern gesprochen. Die haben gesagt: ‚Wir haben hier etwas Wertvolles, das ist eine zusätzliche Leistung und das ist toll!', sodass die Eltern sich nicht gewehrt haben, dafür 40 Euro im Monat zu bezahlen. Dann braucht man kein Geld anderer Leute! Mit 40 Euro im Monat - das war die Teilnahmegebühr für eine Bläserklasse - bist du dabei! Dann brauchst du das Geld von keinem anderen."

Gernot Breitschuh

Manchmal stellt man auch fest, dass man gar nicht so sehr auf finanzielle Unterstützung angewiesen ist. Ehrenamtliches Engagement, Sachspenden oder auch Know-how können mindestens genauso wertvoll für Ihr Projekt sein. Bleiben Sie also ergebnisoffen und nehmen Sie Vorschläge, die an Sie herangetragen werden, erst einmal an. Dann können Sie in Ruhe abwägen, was Sie damit anfangen – oder auch nicht.

Die in diesem Kapitel genannten Möglichkeiten sollen Ihnen als gute Beispiele dienen, die Auflistung ist jedoch keinesfalls erschöpfend. Bei der Mittelbeschaffung sind Ihrer Fantasie und Kreativität keine Grenzen gesetzt (siehe auch Kapitel 4.4 „Werden sie kreativ!“). Lassen Sie sich inspirieren und finden Sie die Förderer, die am besten zu Ihrem Projekt passen.

4.1 DER FÖRDERVEREIN

Wenn Ihre Schule einen Förderverein hat, haben Sie eine gute Geldquelle schon direkt vor Ihrer Nase. Natürlich sollten Sie auch hier – wie bei allen potenziellen Geldgebern – gute Gründe liefern, warum ein Projekt förderwürdig ist. Da der Förderverein aber genau dazu da ist, die Schule in ihrem Lehr- und Bildungsauftrag zu unterstützen, dürfte das nicht allzu schwer werden.

TIPP

„Ich bin im Förderverein unserer Schule aktiv, weil ich hier für das Fach Musik etwas erreichen kann. Ich bin Mitglied und gehe zu allen Versammlungen, und ich habe immer eine Liste vorbereitet, wofür wir Geld brauchen, z. B. eine Musikfahrt. Da muss man sich persönlich engagieren und nicht einfach nur eine Liste mit Geldforderungen hinschicken. Das persönliche Engagement ist sehr wichtig.“ Bettina Küntzel

Engagieren Sie sich im Förderverein, stimmen Sie sich regelmäßig über Projekte ab, seien Sie präsent. Vertreten Sie Ihr Fach engagiert und selbstbewusst. Wenn möglich, arbeiten Sie bei Ihrem Projekt von Anfang an mit dem Förderverein zusammen, nutzen Sie dessen Kontakte, den Internetauftritt oder die Pinnwand. Falls der Förderverein regelmäßig Artikel in der Lokalzeitung veröffentlicht, nutzen Sie diese Möglichkeit, um Ihr Projekt einem breiteren Publikum zu präsentieren. Greifen Sie auf die Liste der Förderer zurück, die schon einmal Geld für Ihre Schule gespendet haben. Wenn sie als Spender wertgeschätzt wurden und sich wohlgefühlt haben, lassen sie sich sicher gerne überzeugen, noch einmal zu spenden. Profitieren Sie von den Erfahrungen des Fördervereins bei der Mittelbeschaffung.

Sollte es an Ihrer Schule noch keinen Förderverein geben, dann ist jetzt der richtige Zeitpunkt, um einen zu gründen!

Einen Förderverein gründen

Es mag sich zunächst nach einer Menge Arbeit anhören, bei dem auf den ersten Blick „wenig rumkommt". Aber ein Förderverein macht (nicht nur) beim Fundraising einiges leichter:

- Erstens – und das ist zugleich der wichtigste Punkt – darf der Förderverein (sofern als gemeinnützig anerkannt, siehe weiter unten: „Gemeinnützigkeit") direkt Spenden empfangen und Zuwendungsbestätigungen (Spendenbescheinigungen) ausstellen. Ohne Förderverein muss dies meist umständlich über den Schulträger laufen, der dazu auch nicht immer bereit ist. Staatliche Schulen und Privatpersonen dürfen keine Zuwendungsbestätigungen ausgeben.
- Zweitens generiert der Förderverein allein über seine Mitgliedsbeiträge – und seien sie noch so klein – regelmäßig Geld, ohne dass man es jedes Mal einwerben muss.
- Drittens besteht das Team des Fördervereins auch nach Abschluss Ihres aktuellen Projekts weiter fort und kann so schneller für das nächste Projekt „reaktiviert" werden.
- Viertens steigert allein das Vorhandensein eines Fördervereins das Ansehen Ihrer Schule. Es zeigt, dass sich hier jemand über das normale Maß hinaus engagiert und bereit ist, sich für die Belange der Schule, Schüler und Eltern einzusetzen.
- Fünftens trägt ein Förderverein dazu bei, das „Wir-Gefühl" der gesamten Schulgemeinschaft zu stärken.
- Sechstens ist ein Projekt für potenzielle Spender und Unterstützer attraktiver, wenn es sozusagen „offiziell" vom Förderverein vertreten wird. Das steigert die Seriosität.
- Siebtens ist das Netzwerk, das durch einen Förderverein entsteht, nicht zu unterschätzen. Erfolgreiche Fundraising-Arbeit lebt auch und besonders von Kontakten und davon, dass jemand jemanden kennt, der jemanden kennt usw.

TIPP

„Ich hatte für das ‚Music Meets School Festival' (siehe Kapitel 6.2) bereits Geldgeber, die das Geld aber nur geben wollten, wenn sie dafür eine Spendenbescheinigung bekommen. Das war meine Ausgangssituation. Die Schule wollte mit der Finanzierung nichts zu tun haben, und ich als Privatperson kann keine Spendenbescheinigung ausgeben. Deswegen habe ich mir sieben Kollegen gesucht, die das Festival toll fanden und bereit waren, mit mir diesen Förderverein zu gründen – und es hat geklappt."

Jens Illemann

Rechtsgrundlage für Fördervereine

Nicht wirtschaftliche Vereine (sogenannte „Idealvereine"), wie es ein Förderverein ist, unterliegen den Bestimmungen der §§ 21 ff. BGB. Um einen eingetragenen Verein (e. V.) zu gründen, brauchen Sie mindestens sieben Gründungsmitglieder (§ 56 BGB). Diese Vereinsform ist zu empfehlen, da ein eingetragener Verein üblicherweise nur mit seinem Vereinsvermögen haftet (nur in besonderen Fällen haftet der Vorstand auch persönlich[1]). Unter bestimmten Voraussetzungen (vor allem bei ehrenamtlicher Tätigkeit) ist die persönliche Haftung des Vorstands aber auf Vorsatz oder grobe Fahrlässigkeit beschränkt. Bei nicht eingetragenen Vereinen haftet der Vorstand hingegen auch mit seinem Privatvermögen.

[1] Dazu gehören: unerlaubte Handlungen (§§ 823, 840 Abs. 1 BGB); Verschleppung des Insolvenzantrags (§ 42 Abs. 2 Satz 2 BGB); Steuerschulden (§§ 34, 69 AO); Lohnsteuer (§§ 42d EStG, 34, 35 AO); Spenden (§ 10b Abs. 4 Satz 2 EStG).

Satzung, Gründungsversammlung und Vorstand

Zunächst muss für den geplanten Verein eine Satzung formuliert werden, die unter anderem folgende Punkte enthalten muss (vgl. §§ 57–58 BGB):

- Name des Vereins
- Sitz des Vereins
- gemeinnütziger Zweck
- Ein- und Austritt von Mitgliedern
- Mitgliedsbeiträge
- Bildung des Vorstands
- Organisation der Mitgliederversammlung

Eintragung ins Vereinsregister

Diese Satzung wird in der ersten Mitgliederversammlung (Gründungsversammlung) verabschiedet, sie muss von allen Gründungsmitgliedern unterzeichnet werden. Sie muss außerdem durch einen Notar beglaubigt werden, bevor sie beim zuständigen Amtsgericht eingereicht werden kann (siehe unten: „Was kostet das?“). Im Anhang ab Seite 131 finden Sie die Original-Satzung eines Fördervereins, damit Sie sich einen Eindruck verschaffen können, wie ein solches Dokument aussieht.

Außerdem wird während der Gründungsversammlung der Vorstand gewählt. Bei einem Schulförderverein ist es günstig, wenn die Schulleitung Teil des Vorstands ist, damit sie in allen Belangen informiert ist und die Entscheidungen des Vereins mittragen kann. Es ist sinnvoll (und üblich), einen dreiköpfigen Vorstand zu wählen, bestehend aus einem Vorstandsvorsitzenden, einem stellvertretenden Vorsitzenden (dies ist z. B. die Schulleitung) und einem Kassenwart. Der Vorstand kann aber auch aus einer Einzelperson bestehen (§ 26 BGB). Alle Mitglieder des Vorstands werden später ins Vereinsregister eingetragen. Auf den Namen des Vereins sollte ein Konto eröffnet werden.

Versammlungen und Protokolle

Alle Versammlungen des Vereins müssen offiziell nach einem bestimmten Muster ablaufen (Begrüßung, Wahl eines Schriftführers, einzelne Tagesordnungspunkte inkl. der Wahlergebnisse usw.). Zudem muss über jede Sitzung ein Protokoll angefertigt werden. Das Gründungsprotokoll wird zusammen mit der Satzung nach vorheriger notarieller Beglaubigung beim

Amtsgericht eingereicht. Genaue Informationen zu Planung, Einladung, Ablauf und Protokollführung einer Mitgliederversammlung finden Sie auf einschlägigen Online-Hilfeseiten oder in einer Vielzahl von Ratgebern zu diesem Thema (siehe ganz unten im Abschnitt „Gründungskosten und Steuerpflicht").

Gemeinnützigkeit

Ein Schulförderverein wird in der Regel ohne Probleme als gemeinnützig anerkannt, weil er der „Förderung der Erziehung, Volks- und Berufsbildung" dient (§ 52 Abs. 2 Nr. 7 Abgabenordnung). Weitere gemeinnützige Vereinszwecke sind in § 52 Abs. 2 Abgabenordnung aufgeführt. Die Gemeinnützigkeit wird beim Finanzamt beantragt, indem die von den Gründungsmitgliedern beschlossene Satzung dort zur Prüfung eingereicht wird.

Gründungskosten und Steuerpflicht

Einen gemeinnützigen Verein zu gründen, kostet zwischen 90 und 160 Euro. Hier fallen vor allem die Notarkosten (Beglaubigung der Anmeldung), die Registergebühr (Eintragung beim Amtsgericht) und eventuell Kontoführungsgebühren ins Gewicht. In manchen Bundesländern wird gemeinnützigen Vereinen die Gebühr für die Eintragung ins Vereinsregister erlassen. Ob das bei Ihnen der Fall ist, können Sie bei Ihrem zuständigen Amtsgericht erfragen. Jede Änderung im Vorstand (Vorstandswechsel) muss ins Vereinsregister eingetragen werden und verursacht zusätzliche Kosten. Daher sollten Sie sich genau überlegen, auf welche Zeit der Vorstand jeweils gewählt wird (z. B. drei Jahre).

Ob ein Förderverein Körperschaftssteuer zahlen muss, hängt von der Höhe der Einnahmen ab und davon, ob diese einem „wirtschaftlichen Geschäftsbetrieb" zuzuordnen sind. Finanziert sich der Verein auch über Sponsoring, kann dies z. B. als wirtschaftlicher Geschäftsbetrieb gelten, ebenso wie Einnahmen aus Basaren oder sonstigen Verkäufen (siehe § 64 Abgabenordnung und Anwendungserlass zur Abgabenordnung zu § 64 Abs. 1 Abgabenordnung). Allerdings liegt die Besteuerungsgrenze bei 35.000 Euro pro Jahr – das müssen Sie erst mal erreichen! Außerdem gilt auch ein Steuerfreibetrag von 5.000 Euro pro Jahr. Es lohnt sich also, sich über die Vereinsfinanzen vorab gut zu informieren und sich im Zweifel juristisch oder notariell beraten zu lassen.

Wenn Sie einen Förderverein gründen, nutzen Sie als Einstieg eine der zahlreichen Hilfeseiten zum Thema Vereinsgründung (z.B. vereinswelt-info.de oder vereinswelt.de). Zudem gibt es viele Ratgeber für Vereinsgründer (siehe weiterführende Literatur ab Seite 152). Auch die Finanzämter haben dazu Informationen. Vielleicht gibt es auch in der Elternschaft einen Anwalt bzw. jemand im Kollegium hat einen guten Kontakt oder bereits Erfahrung mit der Gründung eines (Förder-)Vereins.

4.2 PRIVATE QUELLEN

Zu den privaten Quellen zählen alle (Privat-)Personen, Stiftungen und Unternehmen, aber z.B. auch Serviceclubs wie die Rotarier sowie Lotteriefonds und Lottostiftungen. Hier sind die wichtigsten und eher „klassischen“ Quellen für Sie dargestellt, die Darstellung ist aber bei Weitem nicht erschöpfend. Lassen Sie sich zu eigenen Ideen inspirieren und entscheiden Sie selbst, wem Sie Ihr Anliegen vortragen.

4.2.1 Privatpersonen

Zu den Privatpersonen zählen:

- Eltern und Angehörige der Schüler
- Ehemalige
- Lehrer bzw. Kollegen
- Anwohner im Umfeld der Schule

Dieser Personenkreis hat großes Interesse daran, dass Ihren Schülern ein hervorragender Musikunterricht geboten wird, allen voran natürlich die Eltern. Aber auch Ehemalige wünschen sich, dass ihre (alte) Schule ihren guten Ruf behält oder weiter ausbaut und dass jede nachfolgende Schülergeneration an der Schule ebenso gute Erfahrungen sammeln kann wie sie selbst. Für Anwohner ist es oft selbstverständlich, dass sie „ihre Schule“ fördern und unterstützen, denn schließlich wünscht man sich ein gutes Nachbarschaftsverhältnis.

Diesen Personenkreis können Sie ansprechen, wenn es um Projekte geht, die vielen Einzelpersonen am Herzen liegen und Freude bereiten, z. B. eine musikalische Aufführung, ein Konzert oder ein Schulfest (dessen Einnahmen möglicherweise in Ihre weitere Finanzierung fließen). Die persönliche Bindung an Ihre Schule sorgt oft dafür, dass diese Personen sich besonders gern engagieren. Bei solchen Gelegenheiten kann sich auch der Förderverein präsentieren und so z. B. gleich neue Mitglieder gewinnen.

Die Ansprache sollte über Elternbriefe oder Ihre eigene „Postwurfsendung" in der Nachbarschaft der Schule erfolgen (siehe Kapitel 5.1 „Meine Fundraising-Maßnahmen", Abschnitt „Wie schreibe ich einen Elternbrief?"). Sollte es in den Klassen WhatsApp-Gruppen geben, kann gegebenenfalls auch dieser „Kanal" gewählt werden (nach Absprache mit den Klassenleitern und/oder der Elternvertretung). Diesem Personenkreis braucht man die Schule nicht groß vorzustellen und kann sich ganz auf die Präsentation des Projekts konzentrieren. Der Ton kann deutlich lockerer und „familiärer" gehalten sein als z. B. bei einem Brief an ein Unternehmen.

Wenn Sie kein Großprojekt planen, sondern Ihnen z. B. Ausstattung für Ihren Klassenraum fehlt, durchstöbern Sie Kleinanzeigen und Annoncen, besuchen Sie Flohmärkte und halten Sie die Augen offen nach Haushaltsauflösungen. Häufig bleibt z. B. ein Klavier übrig, das eigentlich nur mal neu gestimmt werden müsste. Bieten Sie an, das Instrument (oder die Instrumente) selbst abzuholen und organisieren Sie den Transport mit Eltern, die einen Kombi oder Kleinbus fahren. So profitieren beide Seiten: Die ehemaligen Besitzer sind ihr Klavier los und Sie haben ein neues Instrument für Ihre Schule. Natürlich sollten Sie vorher prüfen (lassen), ob das Instrument wirklich noch gut ist oder mit wenig Aufwand auf Vordermann gebracht werden kann. Aber selbst wenn die gebrauchten Instrumente noch gereinigt und/oder repariert werden müssen, ist das möglicherweise trotzdem kostengünstiger, als alles neu anzuschaffen. Dasselbe gilt für gebrauchte Notensätze und dergleichen. Sie können auch „Gesucht"-Aushänge gestalten und in der Nachbarschaft Ihrer Schule anbringen, per Brief einen Spendenaufruf starten usw. Ihrem Ideenreichtum und Ihrer Fantasie sind dabei keine Grenzen gesetzt (siehe Kapitel 4.4 „Werden Sie kreativ!").

4.2.2 Serviceclubs

In sogenannten Serviceclubs haben sich engagierte Persönlichkeiten aus meist beruflich hochgestellten Positionen zusammengeschlossen, die es sich zur Aufgabe gemacht haben, in gesellschaftlichen Angelegenheiten zu helfen. Oft haben sich die Clubs schwerpunktmäßig bestimmten Themen wie Umweltschutz, Kindergesundheit oder Armut verschrieben (z. B. „End Polio Now“ der Rotarier). Viele Serviceclubs schreiben auch regelmäßig Preise aus (z. B. Lions Jugend-Musikpreis). Bekannte Serviceclubs in Deutschland sind der Rotary Club (Rotarier) und der Lions Club. Daneben gibt es noch:

- Kiwanis
- Round Table
- Soroptimist
- Zonta

Im Anhang ab Seite 153 finden Sie Links zu allen hier genannten Clubs. Informieren Sie sich vorab über die Schwerpunkte der Clubs, nehmen Sie Kontakt zu örtlichen Vertretern z. B. der Rotarier oder der Lions auf und fragen Sie nach möglichen Fördermitteln. Wenn Ihr Projekt zum Profil der Organisation passt, haben Sie gute Chancen, finanzielle Unterstützung zu erhalten (siehe auch Kapitel 5.1 „Meine Fundraising-Maßnahmen“, Abschnitt „Ein Anruf bei den Lions?!“).

4.2.3 Stiftungen

In Deutschland gibt es mehr als 22.000 sogenannte „rechtsfähige Stiftungen bürgerlichen Rechts“, von denen 95 % einen gemeinnützigen Zweck verfolgen. Viele davon fördern Bildungsangebote mit dem Schwerpunkt Musik (z. B. die Hans Thomann-Stiftung, die Stiftung „Kinder brauchen Musik“ oder die Bertelsmann Stiftung mit ihrem Projekt „Musikalische Bildung“; alle Links dazu finden Sie im Anhang). Laut dem Bundesverband Deutscher Stiftungen verfolgen 34,6 % der Stiftungen in Deutschland den Zweck der Förderung von Bildung, 31,9 % fördern Kunst und Kultur (Stand: Februar 2020). Es sind also zusammengenommen rund zwei Drittel aller Stiftungen, die sich in irgendeiner Weise der Bildung verschrieben haben – für Sie ein lohnenswertes Feld.

Das Besondere an Stiftungen – und das ist auch gleichzeitig das Interessante für Fundraiser – ist ihre große inhaltliche Bandbreite. Es gibt nicht nur unterschiedliche Rechtsformen, sondern vor allem vielfältige Schwerpunkte im Stiftungszweck, Unterschiede in der Organisation, in den Förderrichtlinien und darin, wie Anträge zu gestalten sind und wie sie abgewickelt werden. Informieren Sie sich daher im Vorfeld möglichst genau über diese Parameter und richten Sie Ihren Förderantrag darauf aus. Halten Sie sich unbedingt an Fristen, Formvorgaben und weitere Anforderungen, damit Ihr Antrag nicht gleich zu Beginn „ausgesiebt“ wird (siehe weiter unten: „Was muss ich beim Antrag beachten?“).

Wie funktionieren Stiftungen?

Eine Stiftung ist ein Instrument, um das (Nachlass-)Vermögen einer Person oder Organisation für einen bestimmten Zweck einzusetzen. Die meisten Stiftungsgründer (rund zwei Drittel) sind Privatpersonen. Das Vermögen, das in die Stiftung fließt, verbleibt dort (Grundkapital) und wird gewinnbringend angelegt. Die erzielten Überschüsse werden zur Förderung des gemeinnützigen Zwecks verwendet, dem die Stiftung sich verschrieben hat (Stiftungszweck). Der Stiftungszweck ist bindend, er muss also unbedingt eingehalten werden.

Welche Stiftung passt zu meinem Projekt?

Wichtig für Sie ist, ob eine Stiftung als Förderstiftung oder als operative Stiftung agiert. Operative Stiftungen verwirklichen ihren Stiftungszweck selbst (mit Projekten, Programmen oder der Unterhaltung von eigenen Einrichtungen wie Seniorenheimen, Krankenhäusern, Bibliotheken usw.). Daher geben sie keine Fördergelder heraus. Förderstiftungen hingegen erfüllen ihren Stiftungszweck, indem sie Mittel an Dritte vergeben. Hier können Sie sich also auf die Suche machen und – wenn es passt – einen Förderantrag stellen. In den Fördergrundsätzen der jeweiligen Stiftung (meist auf den Homepages zu finden; ansonsten Infomaterial anfordern) können Sie nachlesen, ob Ihr Projekt für eine Stiftung überhaupt interessant ist. Nehmen Sie sich die Zeit und prüfen Sie die Voraussetzungen. Dadurch können Sie effizient planen und ersparen sich die Enttäuschung über immer wieder abgelehnte Förderanträge, nur weil Ihr Projekt nicht zum Stiftungszweck passt.

Viele Stiftungen fördern eher innovative, richtungsweisende und/oder Modellprojekte, „belohnen“ besondere Eigeninitiative und herausragendes Engagement und legen sich mit ihren Zuwendungen meist nicht für lange Zeiträume fest. Aber wenn Sie eine Anschubfinanzierung brauchen, eine besonders pfiffige Idee haben oder Ihr Projekt zeitlich begrenzt ist, lohnt sich ein Antrag bei der richtigen Stiftung ganz bestimmt.

Um die passende Stiftung zu finden, helfen folgende Fragen:

- Welchen Förderzweck hat die Stiftung, in welchen (Themen-)Bereichen liegt er?
- Gibt es Auflagen, an die eine Förderung geknüpft ist (Förderauflagen)?
- Agiert die Stiftung regional oder deutschlandweit?
- Nach welchen Kriterien werden Projekte zur Förderung ausgewählt (Förderkriterien)?
- Mit wie viel Geld können wir gefördert werden (Förderhöhe)?
- Müssen wir bereits eigene Gelder mitbringen?
- Wie lange läuft die Förderung (Förderzeitraum)?
- Wird auch ein laufendes Projekt gefördert oder nur solche, die noch nicht begonnen haben?
- Welche Fristen müssen wir für den Antrag beachten?
- Wie schnell können wir Geld aus der Förderung bekommen?

Was muss ich beim Antrag beachten?

Wenn Sie eine passende Stiftung gefunden haben, können Sie Ihren Förderantrag stellen. Dabei gibt es Grundsätzliches zu beachten:

Als Erstes müssen Sie über die Details zum Ablauf des Antrags bei der gewählten Stiftung Bescheid wissen. Viele Stiftungen geben genau vor, wie ein Antrag zu gestalten ist, was er enthalten muss, ob er kurz oder ausführlich sein soll usw. Bei manchen Stiftungen muss man vorgefertigte Formulare ausfüllen, andere geben Listen mit erforderlichen Unterlagen aus, es gibt Einreichungsfristen und vieles mehr. Um hier nicht bereits an unerfüllten Formalvorgaben zu scheitern, sollten Sie einen gewissen Planungsvorlauf einrechnen. Außerdem sollten Sie nachschauen, ob es auf der Homepage der Stiftung einen Bereich mit häufig gestellten Fragen („frequently asked questions“, FAQ) gibt. Darin könnten Sie nützliche Informationen für Ihren Antrag finden. Schließlich sollten Sie noch Ihren richtigen Ansprechpartner und die Kontaktdaten herausfinden.

Tipps und Muster für Ihren Antrag an eine Stiftung finden Sie im Anhang ab Seite 134 („Wie stelle ich einen Stiftungsantrag?“)

Beim Bundesverband Deutscher Stiftungen (www.stiftungen.org) können Sie gezielt nach Stiftungen suchen (Startseite → Stiftungen → Zahlen und Daten → Stiftungssuche). Allein die (deutschlandweite) Suche nach der Stichwortkombination „Musik“ und „Kinder“ erzielt dort knapp 170 Treffer (Stand: Februar 2020). Auch viele Städte haben eine eigene Bürgerstiftung, in deren Profil die Förderung von Bildung, Kunst und Kultur vielfach fest verankert ist. Neben der klassischen antragsbasierten Förderung schreiben viele Stiftungen auch Wettbewerbe aus und verleihen Preise. Es lohnt sich also, sich über das Stiftungsangebot – in Ihrer Nähe oder auch bundesweit – schlau zu machen und sich mit Ihrem Projekt zu präsentieren.

4.2.4 Lotteriefonds und Lottostiftungen

Der deutsche Glücksspielmarkt ist ein riesiger Wirtschaftszweig und generiert jährlich Milliarden Euro an Steuern und Abgaben. Diese fließen nicht alle direkt in die öffentlichen Haushalte, sondern werden teilweise auch an gemeinnützige Organisationen und Projekte vergeben. Je nach Bundesland werden unterschiedliche Schwerpunkte unterstützt. Es lohnt sich, hier ein bisschen zu recherchieren. Ein guter Startpunkt ist der Blog des „Förderlotsen" Thorsten Schmotz: blog-foerdermittel.de.

4.2.5 Unternehmen

Immer mehr Unternehmen nehmen die Förderung gemeinnütziger Projekte in ihr Firmenprofil oder ihr Leitbild auf. Das gilt nicht nur für Großunternehmen, sondern vor allem auch für kleine und mittelständische Unternehmen. Sie möchten „ihrer" Stadt etwas zurückgeben, indem sie gezielt Projekte oder Aktionen fördern, mit denen sie sich verbunden fühlen oder die gut zu ihrem Portfolio passen.

Hier gibt es noch ein weites Feld an potenziellen Spendern und vor allem Sponsoren zu erschließen. In vielen kleineren oder mittelständischen Unternehmen ist man sich oft nicht bewusst, dass von Schulsponsoring beide Seiten sehr gut profitieren: Die Schule bekommt die nötige finanzielle Zuwendung, die Firma tritt in Erscheinung und wird im gesamten Umfeld präsenter (durch Platzierung von Logos, Nennung in der Zeitung usw.). Selbstverständlich sind hierbei die Regelungen der jeweiligen Bundesländer zu Werbung und Sponsoring an Schulen zu beachten (siehe Anhang ab Seite 117).

Fragen Sie doch mal im Kollegium oder bei der Schulleitung nach, ob es Eltern gibt, die eine Firma leiten oder in einem Unternehmen angestellt sind, das gerne Schulprojekte fördern möchte. Vielleicht ist auch ein ehemaliger Schüler heute Unternehmer oder Geschäftsmann in Ihrer Stadt. Nehmen Sie dann gezielt Kontakt zu diesen Personen auf, berichten Sie von Ihrem Projekt, was Sie damit bewirken und verändern wollen usw. (siehe Kapitel 3.3 „Überzeugende Argumente entwickeln"). Schlagen Sie gegebenenfalls ein Sponsoring vor – das ist für Unternehmen meist attraktiver als eine „bloße" Spende (auch steuerlich gesehen).

Wenn Sie noch keinen gezielten Ansprechpartner haben: Informieren Sie sich über die Unternehmen in Ihrer Region und stellen Sie den Kontakt her. Treten Sie an Musikfachgeschäfte, Instrumentenbauer oder Eventagenturen heran – sie eignen sich besonders gut als Ansprechpartner in musikalischen Dingen. Aber auch der örtliche Supermarkt oder Elektrofachmarkt, ein Bäcker (siehe Kapitel 6.1 „Das Bläserklassenbrot") oder ein Steuerberater können sich für Ihr Projekt begeistern. Probieren Sie es einfach aus!

4.2.6 Crowdfunding

Crowdfunding, das man mit Schwarm- oder Gruppenfinanzierung übersetzen könnte, ist ein spannendes Instrument zur Finanzierung Ihres Projekts. Entstanden ist es als eine Art Sammelaktion, über die Künstler oder Start-ups mithilfe ihrer zukünftigen Kunden die nötige Summe zur Einführung ihrer neuen Produkte zusammentragen konnten. Ein bekanntes Beispiel ist der Film „Stromberg", der mit Geldern aus einer Crowdfunding-Aktion finanziert wurde.

Wie funktioniert Crowdfunding?

Das Besondere am Crowdfunding ist, dass das Projekt erst dann starten kann, wenn die benötigte Summe im festgelegten Zeitraum zusammengekommen ist. Wird dieses Ziel nicht erreicht, bekommen alle Spender ihr Geld zurück. Außerdem ist zu beachten, dass die Gelder, die über eine solche Kampagne „erwirtschaftet" werden, zweckgebunden sind. Sie dürfen also nur für das ausgegeben werden, was in der Kampagne auch „beworben" wurde.

Im Gegenzug für die „Vorinvestition" bekommt die „Crowd" verschiedene Angebote, meist auch preislich gestaffelt. Diese reichen von einer fertigen CD über Treffen mit bestimmten Personen bis hin zu lebenslangen Eintritten zu Konzerten und/oder Veranstaltungen und vielem, vielem mehr.

Crowdfunding eignet sich für Ihr Projekt besonders gut, wenn es folgende Voraussetzungen erfüllt:

- Es sollte sich gut online und medial wirksam präsentieren lassen (z.B. mit einem guten Imagefilm oder -lied, schönen Fotos usw.).
- Es sollte möglichst das Interesse einer größeren (Spender-)Gruppe wecken (möglichst überregional oder sogar bundesweit).

- Sie sollten die Möglichkeit haben, Ihren Unterstützern verschiedene besondere „Dankeschöns“ für ihre Beteiligung in Aussicht zu stellen (z. B. limitierte Tonaufnahmen, privates „Wohnzimmer-Konzert“, Abendessen mit der Chorleitung, Fotobuch zur Aktion, persönlicher Zugangscode zum geschützten Mitgliederbereich der Webseite usw.).

In der Regel legen Sie auf Ihrer gewählten Crowdfunding-Plattform (siehe unten) einmalig ein Nutzerkonto an. Im Anschluss geben Sie Ihr Projekt ein (mit Beschreibung, benötigter Summe, veranschlagtem Zeitraum usw.) und können dann gleich loslegen.

Für ein gelungenes Crowdfunding brauchen Sie gute Werbung. Sie müssen Ihr Projekt verbreiten, es bekannt machen und Ihre Idee muss auf möglichst viel Interesse stoßen. Eine gute Präsentation Ihres Projekts (z. B. ein aussagekräftiger Film, anschauliche Fotos) ist Grundvoraussetzung. Die Darstellung sollte möglichst viele Menschen ansprechen und auch zum Weiterverbreiten animieren. Wenn Sie es geschickt anstellen und das Glück ein bisschen mitspielt, kann Ihre Botschaft sogar „viral gehen“, d. h. eine virusartige Ausbreitung erreichen, weil Nutzer sie immer weiter teilen, wie eine Kettenreaktion. Das funktioniert am besten mit einer besonders kreativen, witzigen und ausgefallenen Präsentation oder Projektidee.

Ob Sie bei der Erstellung Ihrer Präsentation Ihre Schüler mitarbeiten lassen (z. B bei Kamera, Ton, Schnitt, Arrangement usw.), kommt sehr auf Ihr Projekt und Ihre Zielgruppe an. Wenn Sie Firmensponsoren suchen, sollten Sie drauf achten, dass Ihre Präsentation (Film, Fotos etc.) professionell erstellt wird. Andernsfalls werden Sie als Sponsoringpartner wahrscheinlich kaum ernstgenommen. Wenn Sie Privatpersonen ansprechen möchten, kann Ihre Präsentation ruhig etwas „handgemacht“ aussehen.

TIPP

„Ich würde das nicht mit Schülern machen. Wenn man es professionell haben will, muss man mit Profis arbeiten.“

Jens Illemann

Sie können Ihr Crowdfunding-Projekt sehr gut über soziale Medien wie Facebook, Twitter, Instagram und Co. verbreiten. Vielleicht hat Ihre Schule sogar schon eine eigene Facebook-Seite oder einen Instagram-Account, oder Sie nutzen den Online-Auftritt des Fördervereins. Nutzen Sie in jedem Fall Ihr eigenes Netzwerk und das Ihrer Schüler, Kollegen usw., damit möglichst viele Menschen von Ihrer Aktion erfahren.

Beachten Sie, dass bei der Veröffentlichung von Fotos unbedingt das Recht am eigenen Bild sowie das Urheberrecht gewahrt werden müssen. Um die Themen Schule bei Facebook, Urheberrecht, Datenschutz usw. zu vertiefen, empfehlen wir Ihnen den Artikel „Unsere Schule ist auf Facebook – ob sie will oder nicht" von Jöran Muuß-Merholz (Link im Anhang).

Um die passende Plattform für Ihre Crowdfunding-Aktion zu finden, können Sie sich z. B. unter www.crowdfunding.de über verschiedene Crowdfunding-Plattformen informieren. Bekannte Anbieter sind Startnext, Betterplace oder regionale Plattformen (z. B. „All zesamme" in der Region Köln/Bonn). Die Links dazu finden Sie im Anhang auf Seite 154.

Ideen für Ihre „Dankeschöns"

Lassen Sie bei der Vorbereitung Ihrer „Dankeschöns" Ihrer Fantasie freien Lauf. Hier finden Sie ein paar Inspirationen, welche „Produkte" Sie Ihrer „Crowd" anbieten können:

- „Early Bird"-Angebot: Bieten Sie Ihren Käufern „nur bis zum …" exklusive Dankeschöns zum Vorzugspreis an (z. B. CD, Eintrittskarte).
- Premium-Paket: Bieten Sie ein besonders wertvolles Paket an Dankeschöns an, z. B. exklusiver Besuch der Proben, garantierte Plätze in der ersten Reihe (oder mitten im Orchester), Fototermin mit der Presse, Namenstafel usw.
- Limitierungen: Limitieren Sie besondere Angebote, z. B. nur zehn Premium-Pakete. Das erhöht die Attraktivität!
- Logo-Platzierung: Bieten Sie Firmenkunden an, ihr Logo im Zusammenhang mit Ihrem Projekt zu platzieren (z. B. auf Drucksachen, beim Online-Auftritt usw.).
- Sich selbst „verschenken": Bieten Sie exklusive Treffen oder Vorführungen an; einen exklusiven Besuch in der Schule, um zu sehen, wie das Geld eingesetzt wurde; ein „Date" mit der Schulleitung usw.
- Staffelpreise: Staffeln Sie Ihre „Dankeschöns" preislich. Dann kann jeder entsprechend seiner finanziellen Wünsche und Möglichkeiten ein Dankeschön bekommen – zum kleinen oder zum ganz großen Preis.

4.2.7 Affiliate Marketing

Affiliate Marketing sei hier nur kurz erwähnt, weil es sich nicht unbedingt dazu eignet, in kurzer Zeit einen großen Geldbetrag zu sammeln. Aber es kann sich lohnen, wenn man über einen längeren Zeitraum Spenden sammeln möchte, die an keinen bestimmten Zweck gebunden sind (z. B. als laufende Einnahmequelle für den Förderverein oder für ein Projekt, das langfristig läuft).

Affiliate Marketing bedeutet, dass Onlinekunden vor ihrem Einkauf im Onlineshop eine Organisation oder ein Projekt auswählen können, die sie mit ihrem Einkauf unterstützen möchten. Der Shop leitet dann einen Anteil des Kaufpreises an diese Organisation weiter. Bekannte Plattformen sind z. B. der Bildungsspender, Schulengel oder das Smile-Programm von Amazon (alle Links finden Sie im Anhang).

In wenigen Schritten kann man sich dort mit seinem Verein oder Projekt registrieren und kann dann von Onlinekunden, die z. B. über eine solche Plattform einkaufen, gefunden werden. Einige Anbieter stellen auch Banner für die eigene Homepage bereit oder bieten Flyer an.

4.3 ÖFFENTLICHE QUELLEN

Auch wenn vielfach die Rede davon ist, dass öffentliche Gelder knapp und die Kassen leer sind: Haben Sie schon alle Möglichkeiten ausgeschöpft? Allein aus dem jährlichen Haushalt steht Ihnen ein Betrag für Ihren Unterricht zu. Im Folgenden sind mögliche öffentliche Geldquellen zusammengefasst.

4.3.1 Haushaltsantrag

Vorausgesetzt, Sie unterrichten an einer staatlichen Schule: Die naheliegendste öffentliche Quelle für Ihr Vorhaben ist der jährliche Schuletat! Auch wenn es banal klingt: Haben Sie hier schon alle Mittel ausgeschöpft? Bleiben Sie beim Haushaltsantrag hartnäckig, auch wenn Ihre Schulleitung nur mäßig begeistert ist? Argumentieren Sie für Ihr Projekt und fordern Sie die Mittel ein, die Ihnen für das Fach Musik zustehen? Falls nicht: Trauen Sie sich ruhig, hier selbstbewusst aufzutreten (siehe Kapitel 1.1 „Was erwartet mich beim Fundraising?“, Abschnitt „Die eigene Einstellung“)!

TIPP

„Ich kann nicht nachvollziehen, warum Lehrer behaupten, sie haben keine Chance, sich ein Glockenspiel anzuschaffen. Der Staat verweigert das doch nicht, es gibt doch einen Haushalt!“ Bettina Küntzel

Sammeln Sie Argumente, sprechen Sie gegebenenfalls Eltern an, sich ebenfalls an die Schulleitung zu wenden, bitten Sie den Förderverein oder Kollegen um Unterstützung. Entwerten Sie sich und Ihr Fach nicht, sondern machen Sie sich bewusst: Das Fach Musik ist mindestens genauso wichtig für die Bildung Ihrer Schüler wie Mathe oder Deutsch, nur eben auf andere Weise. Wenn Sie es schaffen, Ihren Schülern eine lebenslange Freude an Musik zu vermitteln – ist das nicht sogar wertvoller als stumpfes Pauken, nur weil es im Lehrplan steht?

4.3.2 Kooperationen

Bei einer Kooperation geht es weniger um Spenden oder finanzielle Unterstützung als vielmehr um ein gegenseitiges Geben und Nehmen, aus dem eine klassische Win-win-Situation entsteht.

Eine gute Möglichkeit, Ihr musikalisches Projekt umzusetzen, sind Kooperationen mit Musikvereinen oder Musikschulen in Ihrer Umgebung. Oftmals haben vor allem Vereine Probleme, passende Räume oder die richtige technische Ausstattung zu finden, weil ihre finanziellen Mittel ebenfalls begrenzt sind. Hier bietet sich eine Zusammenarbeit an, z.B.: Ein Chor nutzt Ihre Schulaula zum Proben, im Gegenzug macht der Chorleiter mit Ihrer Klasse ein Chorprojekt. Informieren Sie sich über Chöre, Orchester, freie Musiklehrer oder Musikschulen in Ihrer Umgebung und fragen Sie einfach mal an!

Musikschulen freuen sich immer über Nachwuchs. Sie können z.B. mit der Musikschule ein Schnupperangebot für Ihre Schule erarbeiten (oder für ausgewählte Klassen bzw. Klassenstufen). So können Ihre Schüler ein neues Instrument ausprobieren oder an einem kleinen Projekt teilnehmen und sich anschließend – gegebenenfalls mit rabattiertem Einstiegspreis – bei der Musikschule anmelden.

Im Anhang finden Sie einen Link zum Landesverband der Musikschulen, unter dem Sie eine Liste der Landesverbände aller 16 Bundesländer abrufen können.

4.3.3 Kultus- bzw. Schulministerium

Die Kultusministerien der Länder bieten eine Vielzahl an Angeboten zur Förderung der musikalischen Bildung und des Musikunterrichts. Da die Angebote von Land zu Land sehr unterschiedlich sind, kann hier keine umfassende Übersicht gegeben werden. Informieren Sie sich bei Ihrem zuständigen Kultusministerium über Förder- und Unterstützungsmöglichkeiten. Im Anhang finden Sie den Link zum Deutschen Bildungsserver, über den Sie eine Liste aller Internetangebote der Kultusministerien abrufen können.

Exemplarisch seien zwei Länder erwähnt:

- Das Kultusministerium Baden-Württemberg schreibt jedes (Schul-)Jahr den Lotto-Musiktheaterpreis aus, der den musisch-künstlerischen Nachwuchs fördern soll (www.lotto-bw.de/wir-foerdern/musiktheaterpreis). Außerdem betreibt das Land das Portal „Schulmusik online“ (schulmusik-online.de).
- In Hamburg gibt es seit Anfang 2019 den Fonds „Kultur & Schule“, aus dem Projekte gefördert werden, die in Zusammenarbeit mit Schulen und freischaffenden Künstlern sowie Kulturinstitutionen entstehen. Ziel ist, dass Schüler Kultur aktiv erleben und eigene kulturelle Erfahrungen sammeln können (www.hamburg.de/kinderkultur/12185970/projektfonds-kultur-und-schule/).

4.3.4 Bußgelder

Schulen haben die Möglichkeit, Gelder zu erhalten, die zuvor in Form von Bußgeldern bzw. Geldbeträgen vom Staat eingenommen wurden. Verschiedene Gesetze und Verordnungen ermöglichen es, dass ein Beschuldigter unter bestimmten Voraussetzungen anstelle eines öffentlichen Prozesses einen Geldbetrag zugunsten einer gemeinnützigen Einrichtung oder der Staatskasse zahlt (die genauen Regelungen stehen in der Strafprozessordnung, im Strafgesetzbuch und in den Gnadenordnungen der Länder). Meist bekommen solche Schulen Bußgelder zugesprochen, die einen besonderen Schwerpunkt haben, z.B. Schulen für Kinder mit Behinderung. Aber die wichtigste Voraussetzung ist immer die Gemeinnützigkeit – die sollte z.B. bei einem Schulförderverein immer gegeben sein (siehe Kapitel 4.1, Abschnitt „Gemeinnützigkeit").

Je nachdem, in welchem Bundesland Ihre Schule ansässig ist, gibt es unterschiedliche Voraussetzungen und Verfahren für die Beantragung und Bewilligung solcher Gelder. Die Schule muss einen Antrag stellen, um in eine Liste als „Empfänger von Geldauflagen" eingetragen zu werden (Voraussetzung: Gemeinnützigkeit). Steht man auf dieser Liste, gehört man zum Kreis der Organisationen, an die eine Zahlung erfolgen kann. Bekommt man einen Zuschlag, muss man nachweisen, wie und wofür man die Gelder verwendet hat (Nachweispflicht).

Auf den Internetseiten der Gerichte, die solche Listen führen, bzw. der Justizbehörde finden Sie Informationen zu den Voraussetzungen sowie (Online-)Antragsformulare. Im Anhang finden Sie beispielhaft drei Links zu den zuständigen Gerichten bzw. Behörden in Berlin, Hamburg und Hessen (siehe Seite 153).

4.4 WERDEN SIE KREATIV!

Nun haben Sie viele „klassische“, aber auch einige innovative und spannende Wege zur Geldbeschaffung kennengelernt. Wir hoffen, dass Sie unter den Vorschlägen etwas für Sie Passendes finden konnten und dass Sie nun höchst motiviert weiter an Ihrer Fundraising-Kampagne arbeiten. Lassen Sie sich dabei ruhig auch mal auf neue, vielleicht ungewöhnliche Ideen ein. Noch einmal: Denken Sie ergebnisoffen und vermeiden Sie Gedanken wie: „Das klappt doch sowieso nie!“ Ob es klappt oder nicht, wissen Sie bekanntlich erst, nachdem Sie es ausprobiert haben!

Hier noch ein paar Inspirationen für Sie:

- Sprechen Sie den lokalen Einzelhandel an. Es gab schon Aktionen, bei denen ein Supermarkt seinen Pfandautomaten zur Verfügung gestellt hat: Die Kunden konnten entscheiden, ob sie das Pfandgeld behalten oder spenden wollten.
- Veranstalten Sie ein Benefizkonzert. Studieren Sie mit Ihrer Klasse eine Aufführung ein, stellen Sie Ihr Projekt vor und sammeln Sie im Anschluss – vielleicht bei einem kleinen Umtrunk – Spenden von den Besuchern ein.
- Verkaufen Sie Selbstgemachtes. Lassen Sie die Kinder etwas basteln (z.B. bedruckte T-Shirts oder Jutebeutel, Windlichter) oder herstellen (z.B. selbstgemachte Marmelade, Kuchen, Brot) und veranstalten Sie einen Basar zugunsten Ihres Projekts (am besten mithilfe des Fördervereins).
- Eröffnen Sie ein musikalisches Eltern- oder Schulcafé. Dieses kann regelmäßig von Lehrern, Mitgliedern des Fördervereins und (älteren) Schülern betreut werden. Monatlich könnten dort z.B. kleine Konzerte stattfinden. Die Einnahmen aus dem Verkauf von Getränken und Snacks fließen in Ihre Projektkasse.
- Machen Sie Honig! In Zeiten des Bienensterbens freuen sich Imker über jeden Interessierten, besonders wenn es sich um Kinder handelt. Ein Bienenprojekt, bei dem die Kinder selber Honig schleudern dürfen, macht nicht nur Spaß, es bringt den Schülern auch die Natur und ihre Zusammenhänge näher, und es entsteht außerdem ein Naturprodukt, das Sie gewinnbringend verkaufen können. „Verpacken“ Sie die Aktion musikalisch, lassen Sie die Kinder ein Bienenlied dichten, das Leben einer Biene musikalisch darstellen usw.
- Bieten Sie Patenschaften an, z.B. für die Stühle in Ihrem Musik-, Orchester- oder Chorraum (oder für die Notenständer, die Instrumente usw.). So können die Paten ganz bildhaft

einen Platz für ein Kind fördern. Als Dankeschön gibt es ein Foto des entsprechenden Kindes auf diesem Stuhl, das Kind kann einen persönlichen Dankesbrief schreiben, oder der Stuhl kann von den Paten individuell gestaltet werden (nach Absprache mit der Schulleitung bzw. dem Träger).

- Veranstalten Sie einen musikalisch-sportlichen Spendenlauf, bei dem am besten die ganze Schule mitmacht! Bitten Sie Eltern, Großeltern und andere Förderer um einen festen Spendenbetrag pro vollendeter Runde (z. B. 5 Euro). Machen Sie ein musikalisches Fest daraus, begleiten Sie den Lauf mit der Schulband oder dem Chor, stellen Sie am Getränkestand ein Sparschwein auf, verteilen Sie Flyer für Ihr Projekt usw.
- Veranstalten Sie einen Flashmob! Das ist eine sehr witzige – und vor allem auch medienwirksame – Angelegenheit. Hierfür überlegen Sie sich eine Aktion, die an einem gut besuchten öffentlichen Ort (z. B. Einkaufscenter, Marktplatz, Fußgängerzone) ausgeführt wird. Die Teilnehmer (in diesem Fall Ihre Schüler und gegebenenfalls Eltern, Bekannte, Lehrer) studieren ein Stück oder ein Lied ein und bereiten es „heimlich" vor. Zum verabredeten Zeitpunkt startet dann klassischerweise eine Person das Event, z. B. indem sie beginnt zu singen oder zu klatschen. Nach und nach steigen alle Teilnehmer ein und es entsteht ein Gruppenereignis, bei dem nicht selten die eigentlich unbeteiligten Zuschauer nun doch zu Akteuren werden, weil sie z. B. spontan mitsingen. Es gibt bei YouTube viele schöne Beispiele für musikalische Flashmobs. Laden Sie zu Ihrem Flashmob die Presse ein oder verbreiten Sie ein Video des Events im Internet: So können Sie Ihr Projekt einem größeren Spenderkreis bekannt machen.

  Hinweis: Beachten Sie bei Foto- und Videoaufnahmen unbedingt das Recht am eigenen Bild. Es besagt, dass jeder Mensch grundsätzlich selbst darüber bestimmen darf, wie und wo sein Bild in der Öffentlichkeit erscheint (§§ 22, 23, 24 und 33 KunstUrhG). Einen guten Einstieg in das Thema bietet der Artikel „Unsere Schule ist auf Facebook – ob sie will oder nicht" von Jöran Muuß-Merholz (Link siehe Anhang). Lassen Sie sich im Zweifelsfall juristisch beraten.

Hinweis: Beachten Sie bei allen Verkaufstätigkeiten die Regelungen zum wirtschaftlichen Geschäftsbetrieb (siehe Kapitel 4.1, Abschnitt „Gründungskosten und Steuerpflicht").

UND JETZT?

Jetzt wissen Sie, wen Sie als potenzielle Geldgeber aktivieren können, und haben sicher schon viele Ideen im Kopf. Vielleicht haben Sie mit Ihrem Team schon konkrete Ansprechpartner ausgewählt, sich eine Kommunikationsstrategie zurechtgelegt oder eine Facebook-Seite erstellt?

Sie haben jetzt das nötige „Rüstzeug“, um mit dem Einwerben der Gelder zu beginnen! Worauf warten Sie noch?

5

LOS GEHT'S!

Es ist so weit: Sie haben die Vorbereitungen Ihrer Fundraising-Kampagne beendet und treten nun in die „heiße Phase“ ein! Diese beginnt damit, sich einen „Fahrplan“ zu machen, ähnlich einer klassischen Werbekampagne: Wie spreche ich meine Zielgruppe an? Wie verpacke ich meine Argumente?

Nach dem „Fahrplan“ kommt die Umsetzung: Sie brauchen einen Ablauf- und Zeitplan, Aufgaben müssen verteilt werden, Briefe und E-Mails müssen verschickt, Telefonate und Gespräche geführt werden. Dabei behalten Sie stets den Überblick über Ihre Kosten und über eingehende Spenden, geben Spendenquittungen aus und sprechen Spendern Ihren Dank aus.

Und schließlich, nach Ihrer Kampagne, ziehen Sie Bilanz: Wie ist es gelaufen? Was hat gut geklappt und was nicht? Was werden Sie beim nächsten Mal anders machen? Welche Strategien sind aufgegangen? Wer hat Ihnen gut geholfen, wer gar nicht, von wo haben Sie unerwartet Hilfe bekommen?

Dieses Kapitel begleitet Sie durch die Schritte Ihrer Fundraising-Kampagne. Wir wünschen Ihnen viel Erfolg und natürlich eine Menge Spaß!

5.1 MEINE FUNDRAISING-MAßNAHMEN

Stellen Sie sich vor, Sie planen eine Werbekampagne: Ihr Projekt ist Ihr „Produkt“ und Ihre möglichen Geldgeber sind Ihre Zielgruppe. Ihre „Verkaufsargumente“ sind die Argumente, die Sie für Ihr Projekt entwickelt haben (siehe Kapitel 3.3 „Überzeugende Argumente entwickeln“).

Erstellen Sie einen „Maßnahmenplan“ für Ihre Zielgruppe: Legen Sie fest, mit welchen Mitteln und über welche Wege Sie Ihre potenziellen Geldgeber erreichen möchten (siehe auch Kapitel 4 „Den richtigen Partner finden“). Wählen Sie eine für Ihr „Publikum“ passende Präsentationsform. Das kann ein Elternbrief sein (siehe weiter unten), ein Aufruf über Facebook oder ein Vortrag mit PowerPoint-Präsentation vor geladenem Publikum (z. B. für Firmen als potenzielle Sponsoringpartner). Wenn Sie Crowdfunding machen, setzen Sie Ihren Schwerpunkt auf die Bekanntmachung und Verbreitung Ihrer Aktion (z. B. Facebook, Meldung in der Schülerzeitung, in der lokalen Presse oder im Lokalradio, Flashmob). Besprechen Sie in Ihrem Team, wer schon Erfahrung mit welchen „Kanälen“ hat, wer sich z. B. mit PowerPoint auskennt, wer Lust hat, eine Facebook-Seite zu erstellen usw. Aktivieren Sie Ihre Kreativität! Je witziger und kreativer Ihre Kommunikationsstrategie ist, umso eher wird sie Ihr Publikum ansprechen.

Ihr oberstes Ziel ist es, Aufmerksamkeit für Ihr Anliegen zu erregen. Sie wollen Ihre Zielgruppe so sehr von Ihrem Vorhaben überzeugen, dass sie bereit ist, sich dafür zu engagieren (sei es mit Geld, persönlichem Engagement oder Sachspenden). Es ist im Grunde nichts anderes als Werbung. Wir sind täglich von Werbung umgeben und Marketingstrategien durchdringen unser ganzes Leben. Wie wir uns kleiden, welches Auto wir fahren, welche Zahnpasta wir benutzen oder was wir essen: Viele Entscheidungen, die wir täglich treffen, werden von Werbung beeinflusst – oft mehr, als wir uns dessen bewusst sind oder uns lieb ist.

Stellen Sie sich vor, Sie wollen Werbung machen. Aber Sie werben nicht für ein Produkt, sondern für einen noch besseren musikalischen Auftritt Ihrer Schule, für noch begeisternderen Musikunterricht, für noch besser musikalisch gebildete Schüler usw. Das ist Ihr guter Zweck (Stichwort: Gemeinnützigkeit)! Sie möchten Musik fördern, und das soll Spaß bringen. Wenn das keine Anliegen sind, die einer überzeugenden Marketingstrategie würdig sind!?

Die Frage lautet also: Wie schaffe ich es, dass sich die Menschen aus meiner Zielgruppe für mein Projekt interessieren, es gut finden und es unterstützen möchten?

Ein klassisches Modell aus dem Marketing ist die sogenannte AIDA-Formel, die Sie als Grundlage für Ihre Strategie nutzen können. Es gibt noch viele weitere – und komplexere – Formeln und Modelle im Marketing, aber AIDA ist sehr „griffig" und eben ein Klassiker. AIDA steht für:

- **Attention:** Im ersten Schritt soll Aufmerksamkeit erregt werden.
- **Interest:** Durch die Aufmerksamkeit soll das Interesse der potenziellen Kunden geweckt werden.
- **Desire:** Das Interesse soll in den Wunsch übergehen, das Produkt zu besitzen.
- **Action:** Schließlich soll eine Handlung folgen (Kauf des Produkts).

Im allerersten Schritt müssen Sie die Aufmerksamkeit Ihrer Zielgruppe erregen. Dazu müssen Sie sich in diese Personen hineinversetzen. Welche Interessen haben sie? Was mögen sie (und was nicht)? Was möchten sie? Nach welchen Werten leben sie? Welche Medien nutzen sie? Mit wem tauschen sie sich aus? Bei diesen Überlegungen kann es helfen, sich anstelle einer großen Zielgruppe auf einen einzelnen „Musterkunden" zu konzentrieren: eine fiktive Person, die die Merkmale Ihrer Zielgruppe repräsentativ abbildet, z. B. zwischen 35 und 55 Jahre alt, musikinteressiert, spielt selbst ein Instrument, Familienmensch, wohnt im Umfeld Ihrer Schule, nutzt Facebook und Instagram usw.

Dazu zwei Beispiele: Wenn Sie sich um eine Stiftungsförderung bewerben, muss sich Ihre Strategie darauf konzentrieren, Ihr Projekt ansprechend und treffend zu präsentieren, und darauf, dass Ihr Antrag den Vorgaben der Stiftung entspricht (siehe Kapitel 4.2.3 „Stiftungen"). Wenn Sie Crowdfunding machen wollen, wählen Sie eine kreative Strategie, die möglichst viele Menschen begeistert und sowohl online als auch offline funktioniert (z. B. mit einem Flashmob, siehe Kapitel 4.4 „Werden Sie kreativ").

Erstellen Sie einen Maßnahmenplan, in dem Sie alle Kommunikationsschritte festhalten, mit Terminen, Zuständigkeiten und weiteren Informationen. Das könnte dann ungefähr so aussehen:

Wie schreibe ich einen Elternbrief (bzw. ein Schreiben an Förderer)?

Wenn Sie einen Brief an Eltern oder andere potenzielle Förderer verfassen, sollten Sie sich unbedingt an die sogenannte KISS-Formel halten. Das steht für „keep it short and simple" und bedeutet nichts anderes, als dass Sie die wichtigsten Informationen kurz und knackig in wenigen Sätzen präsentieren. Denken Sie daran: Dieses Schreiben ist möglicherweise das erste Mal, dass der Empfänger von Ihrem Projekt erfährt. Wenn Sie nicht vom ersten Satz an sein Interesse wecken (AIDA-Formel), landet Ihr Brief möglicherweise ungelesen in der Tonne. Dann hätten Sie ganz umsonst Arbeit und Geld investiert.

Beachten Sie außerdem, dass traditionell gegen Ende des Jahres sehr viele Spendenanfragen in den Briefkästen landen und Ihr Brief möglicherweise in der Masse untergeht. Überlegen Sie sich eventuell einen anderen Zeitpunkt für Ihren Briefversand, zu dem die Empfänger noch nicht so „überfrachtet" sind.

Damit Sie alle wichtigen Informationen in wenigen Sätzen bündeln können, sollten Sie sich beim Schreiben an den „journalistischen W-Fragen" orientieren:

Beachten Sie neben dem Inhalt auch den Umfang Ihres Schreibens: Mehr als zwei Seiten sollten es nicht sein, idealerweise passt Ihr Anliegen auf eine einzige Seite. Folgende Punkte sollte der Brief unbedingt enthalten:

- „Knackiger" Betreff („Brechen Sie mit uns Rekorde!", „Bringen Sie Ihr Kind auf die Bühne!"; nicht: „Helfen Sie mit!")
- Grußformel/Anrede
- Erster Absatz: 1–2 Sätze oder Fragen, die sofort das Interesse wecken („Wollten Sie nicht schon immer ...?", „Was würden Sie sagen, wenn ...?", „Aufgepasst, unsere Schule wird ...")
- Zweiter Absatz: Wenige Sätze, die Ihre Idee präzise beschreiben und Ihre Ziele zusammenfassen (journalistische W-Fragen, siehe oben). Hier sollten Sie auch ganz offen die benötigte Summe kommunizieren (Mut zum Preis!).
- Letzter Absatz: Aufforderung, Ihr Projekt zu unterstützen; Kontaktdaten für Rückfragen
- Abschiedsformel

Einen Muster-Elternbrief finden Sie in Kapitel 5.2 „Mein Projekt präsentieren" (siehe Seite 85).

Ein Anruf bei den Lions?!

Bevor Sie Ihre Zeit und Energie in ausgefeilte Briefe mit perfekt formulierten Sätzen stecken, macht es in manchen Fällen Sinn, Ihre potenziellen Spender erst einmal anzurufen. So erfahren Sie auf die einfachste und zeitsparendste Weise, ob Ihr Gegenüber Interesse hat oder die Spendengelder vielleicht schon auf lange Sicht anderweitig verplant sind. Ein kurzer Anruf vorab ist z. B. bei folgenden Ansprechpartnern empfehlenswert:

- Firmen und Einzelhändler
- Lions Club, Rotarier und Co.
- Banken, Sparkassen, Versicherungen
- Kirchen, Vereine, Verbände
- Medien (Zeitung, Radio)

Diese erhalten täglich Hunderte Zuschriften, die aus Zeitmangel vielfach nur überflogen oder gar nicht erst geöffnet werden. Mit einem Anruf ist es für Sie leichter, wahrgenommen zu werden: Sie bekommen eine Chance, Ihr Projekt kurz vorzustellen, und können auch gleich den richtigen Ansprechpartner herausfinden. Einen ausführlichen Brief mit allen Details zu Ihrem Projekt schicken Sie dann im Anschluss – wenn Ihr Gegenüber schon „angebissen" hat.

Falls Sie sich mit einem solchen Anruf schwertun: Keine Sorge, damit sind Sie nicht allein! Machen Sie sich vor dem Telefonat ein paar Notizen, was Sie gerne sagen und wie Sie es formulieren möchten. Unser Muster-Telefonat bietet Ihnen dazu ein paar Anregungen:

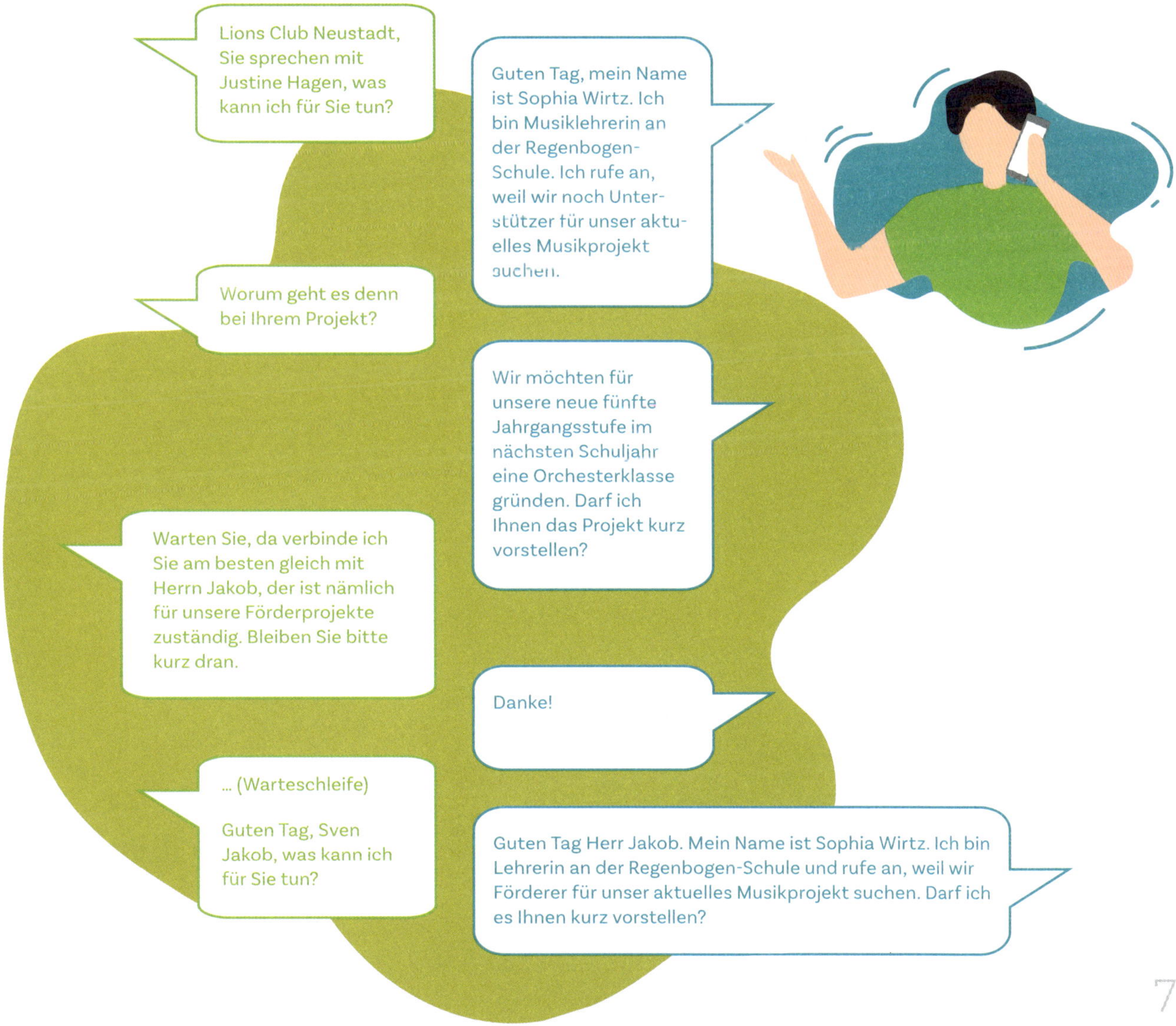

Ja, gerne! Wir unterstützen häufig Schulen. Was planen Sie denn?

Wir möchten für unsere neue fünfte Jahrgangsstufe im nächsten Schuljahr eine Orchesterklasse gründen.

Das klingt interessant. Was ist denn eine Orchesterklasse?

In einer Orchesterklasse darf sich jedes Kind ein Instrument aussuchen, das es dann zusätzlich zum normalen Unterricht lernt. Es gibt spezielle Übungsstunden und alle Schüler bekommen von einem Instrumentallehrer Einzelunterricht.

Das Ziel ist, dass die Klasse später als Orchester spielen kann. Mit einer solchen Klasse führen wir die Kinder spielerisch an ein Instrument heran, sie erleben die Freude, ein Instrument im Orchesterverband zu spielen, und sie können dann auch als Orchester auftreten.

Außerdem kümmert sich jedes Kind eigenständig um sein Leihinstrument, das fördert das Verantwortungsbewusstsein. Die Kinder bekommen die Möglichkeit, im Rahmen des normalen Schulunterrichts ein Instrument zu lernen. Das gefällt natürlich auch den Eltern: Viele sind ja berufstätig und haben nicht die Zeit, ihr Kind nachmittags zum Musikunterricht zu fahren. In der Orchesterklasse ist es außerdem viel kostengünstiger.

Was kostet denn so was?

Also, der monatliche Elternbeitrag liegt bei ungefähr 40 Euro. Für die Erstausstattung – also neue Instrumente, Zubehör usw. – kommen Kosten in Höhe von ungefähr 20.000 Euro auf uns zu. Dafür suchen wir aktuell Unterstützer und Sponsoren.

20.000 Euro!? Wow, das ist ganz schön viel!

Naja, wissen Sie, die Instrumente müssen auch für die Kinder geeignet sein, da darf man nicht an der falschen Stelle sparen! Es nützt ja nichts, wenn die Kinder mit den Instrumenten nicht zurechtkommen und frustriert aufgeben. Daher möchten wir von Anfang an in Qualität investieren.

Ich verstehe. Naja, ich spiele selbst kein Instrument, daher kenne ich mich mit so etwas nicht aus. Aber das klingt nachvollziehbar. Bis wann brauchen Sie denn das Geld?

Bis zu den nächsten Sommerferien müssen wir die Summe zusammenhaben, damit es auch organisatorisch passt. Also spätestens nächstes Jahr im Juli.

Hmm, okay. Wissen Sie was? Schicken Sie mir doch bitte alle Infos zu Ihrem Projekt per E-Mail. Dann kann ich das hier intern mit unserer Förderstelle klären. Die Adresse ist: jakob@lions-neustadt.de.

Super, vielen Dank, ich mache die E-Mail gleich fertig! Danke für das nette Gespräch!

Gern geschehen. Auf Wiederhören!

Auf Wiederhören!

Nachhaken und hartnäckig bleiben

Zum erfolgreichen Fundraising gehört auch, dass Sie „am Ball bleiben" und ein bisschen hartnäckig sind. Sollten Sie auf Ihren ersten Brief nicht gleich eine Flut von Rückmeldungen und Spenden bekommen: Das ist ganz normal! Meist braucht es eine oder mehrere Erinnerungen, bis Ihr Projekt im Bewusstsein Ihrer Ansprechpartner wirklich „angekommen" ist.

Stellen Sie sich also darauf ein, einer ersten Briefsendung eventuell nach zwei bis drei Wochen eine weitere folgen zu lassen. Wenn Sie die Telefonnummern der Empfänger haben (z.B. der Eltern), können Sie auch nach ungefähr einer Woche anrufen und nachfragen, ob der Brief angekommen ist und wie das Projekt wahrgenommen wird. Oft hilft es auch, unentschlossenen Spendern zu erzählen, wie viele andere Personen bereits welche Beträge gespendet haben. Daraus entsteht eine Art „Herdentrieb", auf dem übrigens auch der Erfolg von Online-Bewertungsportalen beruht: Wenn andere das gut finden, gefällt es mir bestimmt auch. Wenn andere 30 Euro spenden, spende ich 35! Wenn bereits die Firma XY das Projekt sponsert, machen wir das doch auch! Nutzen Sie ruhig Ihre bisherigen Erfolge, um damit bei anderen Ansprechpartnern Werbung zu machen.

Auch wenn es Sie möglicherweise etwas Überwindung kostet, Ihre potenziellen Spender zu „nerven" – es lohnt sich! Stehen Sie zu Ihrem Projekt, seien Sie beherzt, „bearbeiten" Sie Ihre Ansprechpartner ruhig ein bisschen. Lesen Sie noch einmal den Abschnitt „Die eigene Einstellung" aus Kapitel 1.1 „Was erwartet mich beim Fundraising?". Stehen Sie dafür ein, dass Sie für Ihre Schüler und für den Musikunterricht diesen Mehrwert schaffen möchten und dass das auch Geld kosten darf, sogar muss! Seien Sie selbstbewusst! Nehmen Sie sich selbst und Ihr Projekt wichtig! Nur so können Sie auch andere davon überzeugen und mit Ihrer Begeisterung anstecken.

5.2 MEIN PROJEKT PRÄSENTIEREN

Wenn der „Erstkontakt" hergestellt ist, ist der nächste Schritt, Ihr Projekt überzeugend zu präsentieren. Nach „Attention" und „Interest" kommen „Desire" und „Action" (AIDA-Formel). Jetzt zahlt sich Ihre gute Vorbereitung aus Kapitel 3 aus.

Stellen Sie sich vor, Sie würden sich mit Ihrem Projekt um Geldquellen bewerben wie um eine neue Arbeitsstelle. Wenn Sie einen Stiftungsantrag stellen möchten, ist der Ablauf tatsächlich ganz ähnlich. Ihre „Bewerbung" sollte gut vorbereitet und passend auf den bzw. die Empfänger zugeschnitten sein: Das kann ein lockerer Elternabend mit einem Vortrag zum Projekt sein, eine schöne Projektmappe für interessierte Spender oder ein eigener Stand auf dem Wochenmarkt, an dem sich Interessierte persönlich informieren können.

Überlegen Sie sich gute Formulierungen, mit denen Sie Ihr Vorhaben möglichst genau und vor allem positiv beschreiben können. Visualisieren Sie Ihre Idee mit Fotos, Skizzen oder Collagen (z. B. könnten Ihre Schüler eine Collage zum geplanten Chor-Camp gestalten, oder Sie montieren ein Foto, das zeigt, wie gut die neue Bühnenbeleuchtung in der Aula die Schulband in Szene setzen wird usw.). Werden Sie kreativ! Sie können mit den Schülern auch ein Lied aufnehmen, ein kleines Theaterstück vorführen oder als Film bereitstellen, Interviews führen – Hauptsache, Ihr Vorhaben wird positiv transportiert.

Egal, für welches „Medium" Sie sich entscheiden: Strukturieren Sie Ihre Informationen so, dass sie gut aufzunehmen sind, d. h.

- mit Einleitung, Hauptteil, Fazit,
- in kurzen, präzisen Sätzen,
- in ergebnisorientierter Sprache,
- eventuell mit Fotos, Zeichnungen oder Grafiken angereichert.

Ihre Empfänger müssen präzise Antworten auf folgende Fragen bekommen:

- Was ist die Idee?
- Welches Ziel (oder welche Ziele) soll erreicht werden? Warum wird das überhaupt gemacht?
- Wann/in welchem Zeitraumsoll das Projekt/die Veranstaltung realisiert werden?
- Was hat das mit mir zu tun? (Bezug zum Empfänger herstellen)
- Was ist mein Anteil daran? Was kann ich tun, wie kann ich helfen, wie viel (und wohin) kann ich spenden?
- An wen kann ich mich wenden, wenn ich Fragen habe oder nähere Infos möchte?

Scheuen Sie sich nicht, hier die konkrete Geldsumme zu nennen, die Sie finanzieren möchten. Das schafft einerseits Klarheit und zeigt andererseits, dass Sie „mit offenen Karten spielen“ und Ihr Projekt selbstbewusst vertreten. Schließlich möchten Sie ja nicht irgendwas machen, sondern haben ein richtig gutes Vorhaben auf die Beine gestellt, alles durchdacht, geplant und pädagogisch aufbereitet!

Weisen Sie darauf hin, dass auch kleine Spenden zum großen Ziel führen. Machen Sie Werbung mit Ihren bisherigen Erfolgen („Schon 500 Menschen haben gespendet – machen Sie auch mit!“ oder „Kaufmarkt Schmitz als Hauptsponsor gewonnen!“).

Bringen Sie alle Informationen klar und genau auf den Punkt. Nehmen Sie nur solche Informationen auf, die für Ihre möglichen Spender und Sponsoren auch relevant sind, sozusagen die „hard facts“ (siehe auch Tipps für die Sponsorensuche im Anhang auf Seite 127). Was sich „hinter den Kulissen“ Ihres Vorhabens abspielt, wie viel Arbeit Sie damit haben, welche Vorbereitungen darin stecken usw., ist für Ihre Geldgeber nicht interessant. Sie wollen vom Sinn Ihres Projekts überzeugt werden!

Überarbeiten Sie Ihre „Bewerbung“ ruhig ein paar Mal, bis Sie sicher sind, dass alle Informationen präzise, kurz und überzeugend rüberkommen. Greifen Sie in diesem Schritt auf Ihr Team zurück, lassen Sie Texte (auch mehrfach) gegenlesen und Bilder prüfen (auch im Hinblick auf das Urheber- und Persönlichkeitsrecht). Teilen Sie Aufgaben auf. Machen Sie einen „Testlauf“ bei Freunden, Bekannten und Verwandten und fragen diese, wie ihnen die Informationen gefallen. Hätten Sie sie überzeugt?

Am Ende dieses Schritts sollten Sie ein strukturiertes, Freude und Begeisterung auslösendes Informationspaket zusammengestellt haben, das Emotionen weckt und Ihre Idee positiv präsentiert.

Beispiel: Meine „Bewerbung“

So könnte ein Elternbrief aussehen, der auf eine Crowdfunding-Aktion hinweist und einen schönen Werbeflyer enthält:

Frau Sabine Meyser
Humpertstraße 15
75327 Wölln

Realschule Wölln
Frauke Arndt
Burgstraße 128
75327 Wölln

Projekt Bläserklasse

Sehr geehrte Frau Meyser,

Ihr Sohn Henry besucht ab dem kommenden Schuljahr die 5. Klasse unserer Schule. Sicher ist er schon ganz aufgeregt. Wir möchten Sie heute auf ein neues Projekt für unsere 5. Jahrgangsstufe aufmerksam machen: die Bläserklasse.

In einer Bläserklasse lernt jedes Kind ein Blasinstrument (z. B. Trompete, Klarinette), sodass die Klasse später zusammen ein vollständiges Blasorchester bildet. Die Kinder bekommen Instrumentalunterricht – sowohl einzeln als auch im Orchesterverbund. Dies findet während der normalen Unterrichtszeit statt. So kann Ihr Kind ein Instrument lernen, ohne dass Sie dafür wertvolle Freizeit opfern müssen!

Wir gründen die Bläserklasse für das kommende Schuljahr zum ersten Mal neu. Das ist mit großen Investitionen verbunden, vor allem für die Instrumente und den zusätzlichen Instrumentalunterricht. Daher benötigen wir Ihre Unterstützung!

Wir haben uns das Ziel gesetzt, mithilfe einer Crowdfunding-Aktion bis zum 31.12. dieses Jahres 20.000 Euro für unsere Bläserklasse einzunehmen. Diesem Ziel kommen wir jeden Tag näher: Bisher haben wir schon 8.000 Euro zusammen! Unter www.blaeserklasse-fuer-woelln.de finden Sie viele tolle Angebote für jede Brieftasche, unter anderem VIP-Tickets für das erste Konzert der Bläserklasse oder ein Meet & Greet mit dem Bürgermeister! Schauen Sie vorbei, es lohnt sich!

Erzählen Sie unbedingt auch Ihren Freunden, Nachbarn und Kollegen von dieser tollen Aktion – damit unsere Bläserklasse ein voller Erfolg wird!

Wenn Sie noch Fragen haben, erreichen Sie mich montags bis freitags zwischen 8.00 und 12.00 Uhr unter der Telefonnummer 05876-157631495. Oder schreiben Sie mir eine E-Mail an: f.arndt@rs-woelln.de.

Im Namen der Kinder bedanke ich mich für Ihre Unterstützung!

Mit musikalischen Grüßen

Frauke Arndt
Koordinatorin Bläserklasse

Eine Bläser-klasse für die RS Wölln!

Mach mit und sei dabei!

- VIP-Tickets für das erste Konzert (limitiert)!
- Fotobuch „Von Anfang an dabei"!
- Meet & Greet mit Bürgermeister Schadow (nur noch zwei Termine frei)!

www.blaeserklasse-fuer-woelln.de

Ein Klassenorchester für unsere Realschule – neu ab Sommer dieses Jahres!

Beispiel: Konzept für Stiftungen oder Sponsoren

Wenn Sie sich mit Ihrem Projekt an Stiftungen oder Sponsoren wenden möchten, sollten Sie dort ein überzeugendes Konzept vorlegen. Stiftungen prüfen die eingehenden Anträge sehr genau und „sieben“ auch rigoros aus, weil sie nicht jede Art von Projekt fördern können und dürfen (Stichwort: Stiftungszweck). Bei Sponsoren liegt der Fokus auf der erzielbaren Werbewirkung, was Sie entsprechend berücksichtigen sollten.

Ihr Konzept für Stiftungen und Sponsoren sollte mindestens die folgenden Punkte enthalten:

- Zusammenfassung der Eckpunkte (Was? Wann? Wo? Wer? Wie? Warum?)
- Hintergrund (Warum machen wir das? Was bringt das?)
- Inhaltliche Ziele (Was möchten wir erreichen?)
- Finanzielle Ziele (Welche Summe brauchen wir? Wie setzt sich diese Summe zusammen?)
- Gegebenenfalls weitere Ziele (sozial, kooperativ, medial, ideell)

Laden Sie z. B. potenzielle Sponsoren zu einer abendlichen Vortragsveranstaltung ein, bei der Sie Ihr Projekt vorstellen und Möglichkeiten des Sponsorings präsentieren können. Das Einladungsschreiben können Sie ähnlich gestalten wie den Elternbrief im Beispiel weiter oben. Bitten Sie um rechtzeitige Zu- oder Absage und machen Sie Ihr Angebot vorab ein bisschen „schmackhaft“ (z. B. indem Sie darauf hinweisen, dass Ihr Projekt bereits dreimal in der Lokalzeitung war; Stichwort: mediale Reichweite). Ihren Vortrag visualisieren Sie mit einer schicken PowerPoint-Präsentation, etwa so:

Eine Bläserklasse für unsere Schule

- Die 5b wird Bläserklasse
- Ab nächstem Schuljahr
- Alle Schüler einer Klasser erlernen im Rahmen des Schulalltags ein Instrument
- Blasorchesterinstrumente: Saxofon, Querflöte, Klarinette, Trompere, Posaune, Tuba, Euphonium, Schlagzeug
- 2 x pro Schuljahr gibt das neue Blasorchester ein Konzert in der Aula

Wozu Bläserklasse?

- Langfristig Freude an Musik und am gemeinsamen Musizieren wecken
- Erlernen des Instruments ist eingebunden in den Schulalltag - ersetzt die Musikschule am Nachmittag
- Klassenverbund stärken und Sozialkompetenz fördern
- Verantwortungsbewusstsein stärken (eigenes Leihinstrument)

Sponsoring-Optionen

Paket 1: Hauptsponsor (5.000 Euro)

- Nennung Ihrer Firma mit „Sponsored by" in allen Veröffentlichungen/auf allen Drucksachen
- Einbindung Ihres Firmenlogos in alle Drucksachen (Flyer, Homepage, Programmhefte usw.)
- Werbebanner/Aufsteller zu allen Konzerten der Bläserklasse
- Logo-Sticker auf allen Instrumenten

Sponsoring-Optionen

Paket 2: Instrumenten-Patenschaft (1.000 Euro)

- Firmenlogo-Sticker auf einem Instrument
- Nennung Ihrer Firma mit „Instrument X sponsored by"
- Bei Konzerten trägt das Kind ein T-Shirt mit Ihrem Firmenlogo
- Im Programmheft werden alle Instrumenten-Paten einzeln augeführt

Sponsoring-Optionen

Paket 3: Konzert-Pate (1.000 Euro)

- Nennung Ihrer Firma im Programmheft mit „Konzert sponsored by"
- Nennung Ihrer Firma als Konzert-Pate in allen Zeitungsartikeln über das Konzert
- Aufsteller/Werbebanner beim Konzert
- Ihre Werbung auf der Rückseite der Eintrittskarten (500 Stück pro Konzert)

5.3 ABLAUF- UND ZEITPLAN

Erstellen Sie einen möglichst genauen Ablauf- und Zeitplan für Ihre Fundraising-Kampagne. Gestalten Sie diesen so kleinschrittig, wie Sie es für nötig halten. Sie sollten sich zwar nicht in Details verlieren, aber wenn es bei der Umsetzung hilft und für eine klare Struktur sorgt, nehmen Sie ruhig viele kleine Schritte mit auf. In welchen Schritten Sie Ihre Ziele definieren, hängt auch von den Mitgliedern Ihres Teams und von den geplanten Maßnahmen ab. Generell gilt: Wählen Sie die Schritte, die für Ihr Projekt, Ihr Team und Ihre Zielgruppe am besten passen.

TIPP

„Wichtig, wenn man mit Sponsoren arbeitet: Bis September muss man seine Sponsoren beisammen haben. Die Firmen planen im September/Oktober ihre Haushalte fürs nächste Jahr und da muss man mit rein."

Jens Illemann

Legen Sie fest, bis wann Sie jeweils welche Summe (oder ehrenamtliche Hilfe, Sachspenden usw.) erreicht haben wollen. Planen Sie dabei angemessen großzügig und lassen Sie ruhig hier und da etwas „Puffer". Rechnen Sie auch eventuelle Schwierigkeiten oder Verzögerungen mit ein (z. B. Druckzeit für Flyer und Plakate, Antwortzeit bei Briefen, Telefonaktion zum Nachhaken, Vorlauf bei Online-Registrierungen etc.) und berücksichtigen Sie mögliche Planungszeiträume Ihrer Ansprechpartner (siehe Expertentipp). Stellen Sie sich außerdem darauf ein, dass vielleicht nicht immer alles nach Plan läuft und Sie auch Rückschläge erleben.

TIPP

„Beim Music Meets School Festival betrug die Vorlaufzeit zwei Jahre." (siehe Kapitel 6.2)

Jens Illemann

Denken Sie daran, dass manche Vorbereitungen richtig lange dauern können. Für eine Großveranstaltung kann die Planung schnell ein bis zwei Jahre in Anspruch nehmen! Planen Sie also realistisch, vereinbaren Sie verbindliche Fristen, aber lassen Sie, wo es nötig erscheint und möglich ist, einen „Zeitpuffer". Wenn Sie z. B. eine Veranstaltung planen, zu der viele Gäste eingeladen sind und die von Sponsoren finanziert wird, können Sie den lange im Voraus angekündigten Termin nicht einfach verschieben.

Notieren Sie in Ihrem Zeitplan wichtige Meilensteine bzw. Etappenziele. Das können die 200 verschickten Briefe, die beschafften Utensilien, die feste Zusage des Hauptsponsors oder ehrenamtlicher Unterstützer oder die fertige Facebook-Seite sein. Immer wenn Sie einen solchen Meilenstein erreicht haben, klopfen Sie sich selbst und Ihrem Team auf die Schulter und seien Sie stolz. Sie sind Ihrem Ziel wieder ein Stück nähergekommen! Feiern Sie solche Erfolge ganz bewusst – das macht gute Laune und hält die Motivation aufrecht.

Nutzen Sie Ihre Etappenziele außerdem für vorläufige Erfolgskontrollen: Ist alles so gelaufen, wie Sie es geplant hatten? Wo gab es welche Schwierigkeiten? Was lief besser als erwartet? Was könnten Sie noch besser machen? Notieren Sie Ihre Erfahrungen bei jedem Zwischenziel – nur so können Sie Ihr Projekt hinterher produktiv reflektieren und aus Ihren Fehlern lernen (siehe Kapitel 5.9).

5.4 AUFGABEN VERTEILEN

Nehmen Sie Zuständigkeiten verbindlich in Ihren Zeitplan auf. Legen Sie mit Ihrem Team genau fest, wer was (bis) wann wo und wie macht und wer dabei gegebenenfalls zusätzlich hilft. Sorgen Sie dafür, dass jeder zu jedem Zeitpunkt genau weiß, was zu tun ist. Eventuell ist es sogar sinnvoll, ein Teammitglied nur für die Koordination einzusetzen – sofern Sie das nicht selber machen möchten oder können. Das hängt vom Umfang Ihres Projekts ebenso ab wie von seiner Komplexität, dem verfügbaren Zeitraum und Ihren geplanten Fundraising-Maßnahmen. Ist die Zeit eher knapp und/oder das Projekt eher komplex, sollten Sie diese Möglichkeit in Betracht ziehen.

Achten Sie darauf, dass Sie die Aufgaben nicht nur nach Know-how und Fähigkeiten verteilen, sondern auch nach den Wünschen der einzelnen Teammitglieder. Wenn sich jemand mit seiner Aufgabe identifiziert und Freude daran hat, wird er sie schneller, besser und motivierter angehen, als wenn er sie nur deswegen bekommen hat, weil er „das so gut kann". Berücksichtigen Sie immer auch die (Freizeit-)Interessen und persönlichen Wünsche Ihrer Teammitglieder.

Denken Sie bei Ihrer Planung auch an „versteckte“ Aufgaben (und eventuell damit verbundene Kosten): Brauchen Sie Helfer für den Auf- und Abbau oder Eltern, die die Schüler nachmittags zu Proben fahren? Ist eine zusätzliche Putzaktion nach dem Konzert erforderlich und werden zusätzliche mobile Toiletten benötigt? Ist die Anwesenheit des Hausmeisters gefragt? Brauchen Sie beim großen Schulfest Security-Personal? Denken Sie daran, dass Sie auch für solche Aufgaben freiwillige Helfer (z. B. Fahrer), gegebenenfalls Sachspenden (z. B. Putzzeug) oder zusätzliches Geld (z. B. Spritgeld oder Honorare für Personal) benötigen.

5.5 KOSTEN IM BLICK BEHALTEN

Denken Sie daran, Ihre Ausgaben immer im Blick zu behalten. Am besten nehmen Sie die geplanten Kosten der einzelnen Schritte nicht nur in Ihren Maßnahmenplan, sondern auch in Ihren Ablauf- und Zeitplan auf. So behalten Sie stets den Überblick und können auch zwischendurch (z. B. bei Meilensteinen) schon kontrollieren, ob Ihre Kalkulation aufgeht und Sie Ihr Budget einhalten. Sie können sogar ein Teammitglied als „Kassenprüfer“ abstellen, sodass alle Ausgaben an einer Stelle zentral verwaltet werden können. So kommen Sie nicht durcheinander.

Seien Sie sich bewusst, dass Sie zu Beginn Ihrer Fundraising-Kampagne oft schon ein kleines Budget brauchen, um überhaupt mit der Arbeit starten zu können. Einige Vorbereitungen (z. B. das Erstellen einer eigenen Homepage, das Drucken von Flyern oder Briefen, die Gründung eines Fördervereins usw.) verursachen bereits Kosten, noch bevor Sie überhaupt einen Euro „erwirtschaftet“ haben.

Mit einer Checkliste behalten Sie immer den Überblick über Ihre Kosten:

CHECKLISTE: KOSTEN VERWALTEN

Meilenstein 1:	Kosten gesamt:	Unterschritten um:	Überschritten um:
Verbesserungsvorschläge zu Meilenstein 1:			
Meilenstein 2:	Kosten gesamt:	Unterschritten um:	Überschritten um:
Verbesserungsvorschläge zu Meilenstein 2:			
Meilenstein 3:	Kosten gesamt:	Unterschritten um:	Überschritten um:
Verbesserungsvorschläge zu Meilenstein 3:			

5.6 DATEN RICHTIG VERWALTEN

Überlegen Sie sich, wie Sie Kontaktdaten und weitere Spenderinformationen, die mit der Zeit zusammenkommen, passend verwalten möchten (und können). Anfangs wird vielleicht eine einfache Excel-Datei ausreichen, aber diese kann schnell unübersichtlich werden (z. B. wenn Spender mehrfach spenden oder mehrere Spender den gleichen Nachnamen haben). Besser geeignet ist eine Datenbank.

Man kann MS Excel als (kleine) Datenbank nutzen, denn mit der Tabellenkalkulation sind einfache Datenbankabfragen möglich. Wie das funktioniert, können Sie sich in einem kleinen Online-Tutorial bei einschlägigen Computermagazinen erklären lassen (z. B. Chip oder Computerbild).

Wer es etwas komfortabler möchte, kann sich ein geeignetes Datenbankprogramm kaufen (oder sponsern lassen). Vielleicht gibt es in Ihrem Kollegium jemanden, der sich damit gut auskennt, oder Sie fragen Schüler, Eltern oder den Förderverein um Rat. Wichtig ist, dass die Daten Ihrer Spender immer korrekt und aktuell gespeichert und regelmäßig auf den neuesten Stand gebracht werden. Außerdem müssen Sie stets die Vorgaben der Datenschutz-Grundverordnung (DSGVO) einhalten.

Auch hier empfiehlt es sich, die Verantwortung für die Datenverwaltung einem Mitglied Ihres Teams zu übertragen. Auf diese Weise kommen Sie (und Ihr Team) nicht durcheinander, der „Datenmanager“ hat stets den Überblick und kann z. B. Zuwendungsbestätigungen schnell und korrekt ausgeben (siehe Kapitel 5.7).

5.7 SPENDEN ANNEHMEN

Spätestens, wenn die ersten Spenden eingehen, ist Ihr „Datenmanager“ am Zug: Es muss ganz genau festgehalten werden, wer wann was spendet oder gespendet hat bzw. welche Vereinbarungen Sie mit Sponsoren getroffen haben. Die folgenden Spender- bzw. Sponsoreninformationen sollten in jedem Fall aufgenommen und gespeichert werden:

- Name (und Adresse, Telefonnummer, weitere Kontaktdaten), ggf. Firma
- Datum
- Art der Spende bzw. des Sponsorings
- Höhe der Spende/Umfang des Sponsorings bzw. Wert (bei Sachspenden)

Diese Informationen brauchen Sie einerseits, um sich bei allen Spendern und/oder Sponsoren angemessen bedanken zu können (siehe Kapitel 5.8). Andererseits haben Spender Anspruch auf eine Zuwendungsbestätigung, besser bekannt als Spendenquittung.

Die Zuwendungsbestätigung (Spendenquittung)

Spenden sind per Gesetz von der Steuer absetzbar. Dazu benötigt der Spender eine sogenannte Zuwendungsbestätigung (auch bekannt als Spendenquittung oder Spendenbescheinigung). Doch diese darf nur von bestimmten Einrichtungen ausgestellt werden. Privatpersonen oder staatliche Schulen als Anstalten des öffentlichen Rechts dürfen z. B. keine Spendenbescheinigungen ausgeben.

Wenn Ihre Schule einen Förderverein hat (oder Sie im Rahmen Ihres Vorhabens einen Förderverein gegründet haben), kann dieser Spenden annehmen und entsprechend auch Zuwendungsbestätigungen ausstellen. Falls nicht, muss dies möglicherweise umständlich über den Schulträger erfolgen, und das kann lange dauern und ein aufwendiger bürokratischer Prozess sein – wenn der Schulträger überhaupt dazu bereit ist. Fragen Sie am besten im Vorfeld bei der Schulleitung nach, ob die Ausgabe von Zuwendungsbestätigungen möglich ist und über wen diese Aufgabe abgewickelt werden kann. Dann können Sie bei Bedarf einen Förderverein neu gründen, der das Spenden und auch das Sponsoring deutlich vereinfacht (siehe Kapitel 4.1 „Der Förderverein“, Abschnitt „Einen Förderverein gründen“).

Zuwendungsbestätigungen müssen einem amtlich vorgeschriebenen Muster entsprechen. Dazu hat das Bundesfinanzministerium 18 verschiedene Muster ausgegeben – je nachdem, wer Spendenempfänger ist und was gespendet wurde (z. B. Geld oder Sachen). Das zugehörige BMF-Schreiben vom 07.11.2013 (BStBl 2013 I S. 1333) enthält alle Informationen sowie die verschiedenen Vordrucke als Anlagen zum Download: https://datenbank.nwb.de/Dokument/Anzeigen/480567/. Für Ihre Zwecke sind hauptsächlich die beiden Bestätigungen für Geld- sowie Sachzuwendungen durch Privatpersonen relevant. Daher finden Sie diese beiden Muster im Anhang ab Seite 138.

5.8 WIR SAGEN DANKE!

Bei aller nötigen Planung und Organisation, bei aller Zielstrebigkeit und dem „Weiter, weiter!" einer Fundraising-Kampagne – Danke zu sagen ist eine Ihrer wichtigsten Tätigkeiten, und zwar nicht erst am Ende Ihrer Aktion! Ihre Geldgeber müssen sich von Anfang an wertgeschätzt fühlen, sie müssen spüren, wie wichtig ihr Beitrag zu Ihrem Projekt ist. Bei kleineren Spenden muss der Dank nicht opulent ausfallen – er sollte aber immer von Herzen kommen und Sie sollten sich zeitnah bedanken!

Betrachten Sie das Danken nicht als lästige Pflicht, sondern als Herzensangelegenheit: Wenn sich nämlich Ihre Geldgeber mit ihrem Beitrag bei Ihnen rundum wohlfühlen, stehen die Chancen gut, dass sie zu „Wiederholungstätern" werden. Wie bereits erwähnt, geht es beim Fundraising um Partnerschaft, um gute Beziehungen, um Transparenz und um gegenseitiges Vertrauen. Dazu gehört auch, dass Sie sich angemessen, ernsthaft, gerne auch mehrfach und vor allem sofort bedanken, wenn Sie Hilfe erhalten (egal ob Geldspende, persönliches Engagement oder Sachspende).

Überlegen Sie schon während der Planung Ihrer Fundraising-Kampagne, auf welche Weise Sie Ihren Geldgebern danken möchten und können. Eine klassische und bewährte Möglichkeit ist ein Dankesbrief. Er sollte immer persönlich an den Spender oder die Spenderin gerichtet sein und das individuelle Engagement berücksichtigen (keine Serienbriefe verschicken!). Wenn Anspruch auf eine Zuwendungsbestätigung besteht, sollte diese im Idealfall gleich mit dem Dankesbrief mitgeschickt werden. Wenn Sie im persönlichen Kontakt zu Ihren Spendern stehen, überreichen Sie die Zuwendungsbestätigung mit herzlichen Worten des Danks, und je nach Höhe und Umfang der Unterstützung zusammen mit einem kleinen Geschenk (z. B.

klassisch Blumen oder Pralinen, oder eine Kleinigkeit, die thematisch zu Ihrem Projekt passt). Sie können im Vorfeld Ihrer Kampagne kleine „Dankeschöns" entwerfen, die Ihr Projekt widerspiegeln, z. B. selbst gestaltete Buttons, Grußkarten mit einem Foto von Ihrer Aktion (z. B. der Chor beim Auftritt auf der Bühne) usw. Ähnlich wie bei einer Crowdfunding-Aktion (siehe Kapitel 4.2.6 „Crowdfunding") sind auch hier Ihrem Einfallsreichtum keine Grenzen gesetzt.

Hier ein paar Vorschläge und Ideen:

- persönliche Dankschreiben, am besten mehrere an denselben Geldgeber (in zeitlichen Abständen, je nach Dauer des Projekts und Höhe der Zuwendung)
- persönlicher Dankbesuch (eventuell mit Überreichung eines kleinen Geschenks), gegebenenfalls zusammen mit der Schulleitung
- Danke-Annonce in der Lokalzeitung (Nennung mehrerer Spender möglich)
- namentliche Erwähnung in einem Zeitungsartikel über das Projekt (gegebenenfalls Kopie des Artikels persönlich zusenden, falls nicht sicher ist, dass der Spender den Artikel wahrnimmt)
- Foto mit Namen der Geldgeber auf der Projekthomepage (falls vorhanden) oder in Sozialen Medien (Persönlichkeits-/Urheberrecht beachten!)
- Danktafel anbringen (z. B. inklusive feierlicher Enthüllung durch die Schulleitung in Anwesenheit des oder der auf der Tafel Genannten)
- CD/DVD mit Aufnahmen des Auftritts (bei Chor, Musical etc.)
- Fotobuch (z. B. bei Chorfahrten oder Projekten, die über einen längeren Zeitraum gehen; Erlaubnis zur Verwendung der Fotos einholen!)
- persönliche Einladung, die finanzierte Aktivität zu besuchen (z. B. bei Orchesterklasse, Chor)
- persönliche Einladung zu einer Dankeschön-Aktion (z. B. Konzert) an alle Spender und Sponsoren

Hinweis: Manchen Spendern ist es unangenehm, öffentlich gewürdigt zu werden. Klären Sie daher im Vorfeld ab, in welcher Weise eine öffentliche Danksagung im Interesse Ihrer Spender ist. Falls dies nicht gewünscht ist, respektieren Sie diese Entscheidung und bedanken Sie sich einfach auf andere Weise (z. B. durch einen privaten Besuch anstatt eines großen Zeitungsartikels).

5.9 ABSCHLUSS MEINER KAMPAGNE: BILANZ ZIEHEN

Es ist so weit: Sie haben Ihr Fundraising-Ziel erreicht und Ihr Projekt erfolgreich finanziert! Herzlichen Glückwunsch!

Nun ist es an der Zeit, sich Ihre Planung und Vorbereitung, Ihre Fundraising-Maßnahmen und Ihre gesamte Kampagne noch einmal Stück für Stück anzuschauen und zu reflektieren, wie es gelaufen ist. Auch wenn die Abschluss-Evaluation auf den ersten Blick nicht sonderlich attraktiv erscheint, liegt genau hier das größte Potenzial Ihres Fundraisings: Sie analysieren genau und ehrlich, was Ihnen Ihre Aktion tatsächlich gebracht hat, was es gekostet hat, welcher Aufwand darin steckte usw. Grundsätzlich helfen hier folgende Fragen:

- Was hat meine Aktion insgesamt gekostet (ehrliche Aufstellung aller Kosten)?
- Was hat meine Aktion tatsächlich eingebracht (nicht nur finanziell, sondern auch materiell oder in Form von nützlichen Kontakten, neuen Helfern usw.)?
- Hat sich der ganze Aufwand gelohnt?
- Welche Konsequenzen ziehen wir aus den Antworten auf diese Fragen?

An dieser Stelle entscheidet sich, wie es an Ihrer Schule mit dem Fundraising weitergehen wird. Daher ist es wichtig, sich diese Zeit zu nehmen, ehrlich zu sein und genau hinzuschauen. Damit erarbeiten Sie sich zugleich die ideale Grundlage für Ihre nächste Fundraising-Aktion. Wenn Sie nämlich Ihren Geldgebern (egal ob Bestandskandidaten oder potenziellen Neuspendern) vorrechnen können, wie erfolgreich Ihre letzte Fundraising-Kampagne verlaufen ist, erreichen Sie gleich drei wichtige Dinge:

1. Durch eine Abschluss-Evaluation zeigen Sie, dass Sie Ihre Arbeit kritisch reflektieren und bereit sind, Abläufe zu verbessern, Einsparpotenziale zu ermitteln und Geld für zukünftige Projekte freizumachen.
2. Sie machen deutlich, dass Ihre Aktion keine „Eintagsfliege“ war, sondern dass Sie in die Zukunft schauen und Ihr Projekt weiterentwickeln (oder ein neues tolles Projekt realisieren).
3. Sie beweisen Ihre Professionalität und Ernsthaftigkeit im Umgang mit dem Geld Ihrer Spender. Das weckt Vertrauen und erhöht die Bereitschaft für erneute Zuwendungen.

Um Ihnen Ihre Evaluation zu erleichtern, haben wir einige Checklisten zusammengestellt:

CHECKLISTE: FÜR DIE ZUKUNFT – KOSTEN EVALUIEREN

Wie viel haben wir eingenommen? (separate Aufstellung machen, auch den Wert von Sachspenden und Personaleinsatz einrechnen)	Geldspenden:	Sachspenden:	Sonstige:
Haben wir unser finanzielles Ziel erreicht?		Ja	Nein
Haben wir mehr oder weniger eingenommen?		Mehr	Weniger
Wie viel mehr oder weniger?			
Haben wir unseren Zeitplan eingehalten?		Ja	Nein
Wenn nicht, um wie viel wurde er über- oder unterschritten?			
Was hat uns das gekostet bzw. eingespart?			

CHECKLISTE: FÜR DIE ZUKUNFT - ORGANISATION/ABLÄUFE/ KONTAKTE EVALUIEREN

Welche Abläufe haben besonders gut geklappt? (Bereiche/Tätigkeiten, Personen usw.)	
Welche Abläufe haben schlecht geklappt? (Bereiche/Tätigkeiten, Personen usw.)	
Was wollen/können wir beim nächsten Mal besser machen? Was lassen wir ganz sein?	
Haben wir alle Kontakte hergestellt, die wir gebraucht/gesucht haben?	
Wenn nicht, woran lag das? Was können wir nächstes Mal besser machen?	
Welche Kontakte fehlen noch? Welche Kontakte möchten wir nächstes Mal unbedingt knüpfen?	

Wie kommen wir an diese Adressen? Wie stellen wir die Kontakte her?		
Ist zu unseren Geldgebern ein Vertrauensverhältnis entstanden?	Ja	Nein
Wenn nicht, woran lag das?		
Was können wir im Kontakt mit unseren Geldgebern besser machen?		
Würden unsere Geldgeber wieder spenden?	Ja	Nein
Wenn nicht, warum nicht? Was müssen wir anders machen, damit Geldgeber uns „treu“ bleiben?		

Natürlich soll Ihnen diese Checkliste nur als Muster dienen. Erweitern oder verändern Sie sie beliebig. Und falls der zu den einzelnen Stichpunkten vorgesehene Platz nicht ausreicht, sammeln Sie sie einfach in einer getrennten Zusammenstellung.

CHECKLISTE: FÜR DIE ZUKUNFT - ZUFRIEDENHEIT EVALUIEREN

Wie zufrieden sind wir selbst mit unserer Fundraising-Kampagne?	
Wie zufrieden ist die Schulleitung?	
Wie zufrieden sind die Schüler/ Eltern/Nutzer (das Umfeld)?	
Haben wir Feedback zu der Fundraising-Aktion erhalten?	
Wenn ja, von wem?	

Positives Feedback:		
Negatives Feedback:		
Hat sich die Aktion positiv auf die Wahrnehmung unserer Schule ausgewirkt?	Ja	Nein
Warum?		
Hat sich unsere Schule dadurch besser in der Schullandschaft positioniert?	Ja	Nein
Warum?		

UND JETZT?

Jetzt sind Sie Fundraising-Profi! Sie haben Ihre Fundraising-Kampagne angepackt, dabei viele wertvolle Erfahrungen gesammelt, kreative Problemlösungen umgesetzt, viele neue Kontakte geknüpft und im Idealfall Ihr Fundraising-Ziel erreicht oder sogar überschritten. Herzlichen Glückwunsch!

Falls Sie jetzt mit dem Fundraising-Virus infiziert sind – gut so! Fundraising bringt Schulen weiter, macht sie vielfältiger und bunter, bindet neue Akteure in den Schulalltag ein und erweitert den Horizont. Seien Sie stolz auf sich und Ihr Team, dass Sie diesen Weg erfolgreich gegangen sind. Und nicht vergessen: Nach dem Fundraising ist vor dem Fundraising!

6

SO GUT KANN ES GELINGEN: BEISPIELE AUS DER PRAXIS

Wir möchten Ihnen zum Abschluss drei sehr unterschiedliche Projekte vorstellen, die allesamt auf Initiative von Musiklehrern durch Fundraising ermöglicht wurden. Hier sehen Sie, was mit Fundraising alles möglich ist!

6.1 DAS BLÄSERKLASSENBROT

Das „Bläserklassenbrot" war Bestandteil einer Fundraising-Aktion, die Ende der 1990er-Jahre auf der Insel Norderney stattfand. An der einzigen weiterführenden Schule der Insel, der Kooperativen Gesamtschule (KGS) Norderney, sollte erstmalig eine Orchesterklasse installiert werden. Dafür wurde nahezu die ganze Insel aktiviert!

Das achtköpfige Team um die Koordinatoren Marian Gigla und Reino Mester sprach viele Betriebe aus Handel, Handwerk, Verwaltung und Gastronomie als potenzielle Spender an. Dadurch kamen einerseits viele kleine Geldspenden zusammen, andererseits übernahmen einige Sponsoren auch direkt die Kosten für ein neues Instrument. Der ortsansässige Bäcker verkaufte über mehrere Wochen sein „Bläserklassenbrot" für einen Aufschlag von damals 50

Pfennig und konnte dadurch eine neue Trompete für die Orchesterklasse finanzieren. Die Musikschule Norden unterstützte die neue Orchesterklasse durch Musikunterricht für Trompete, Querflöte und Co.

DAS SAGT DER KOORDINATOR:

„Ein großer Vorteil lag darin, dass unsere Insel mit ca. 6.000 Einwohnern eine eher dörfliche Struktur mit nur einer Grundschule und einer Gesamtschule bis Klasse 10 hat und wir bereits gute Vorarbeit mit Auftritten unserer Big Band geleistet hatten."

Reino Mester

Insgesamt gab es viele unterschiedliche Aktionen zugunsten der neuen Orchesterklasse, darunter z. B.:

- eine Balkonpflanzaktion eines Floristen
- ein Konzert einer örtlichen Band in einer Musikkneipe
- eine Maibaumfeier unter Mitwirkung der Big Band der KGS Norderney
- eine Tombola in einer weiteren Musikkneipe
- eine Kuchen- und Getränketheke der ortsansässigen Wing-Tsun-Schule

Bei diesem Projekt zeigt sich besonders schön, wie wichtig Kontakte und das „Weitersagen" des eigenen Vorhabens sind. Dadurch, dass die Fundraiser die Spender vor Ort direkt und persönlich ansprechen konnten, war die Beziehung zur Orchesterklasse sofort gegeben. Zudem konnten sich viele Spender mit dem Vorhaben identifizieren, weil sie selbst die KGS Norderney besucht hatten. Durch die dörfliche Struktur der Insel Norderney und das enge soziale Gefüge (jeder kennt jeden) fühlten sich viele Einwohner mit dem Projekt verbunden und engagierten sich entsprechend rege. Im Schuljahrbuch kann man nachlesen: „Die anhaltend positive Resonanz bei den Norderneyer Privat- und Geschäftsleuten auf den Spendenaufruf zeigt, dass diesem Projekt für die Norderneyer Kinder und Jugendlichen ein hoher Stellenwert zugemessen wird. Für diese gute Sache ziehen alle an einem Strang [...]."

Der Erfolg der ersten Orchesterklasse hält noch immer an: Von den 240 Schülern der KGS Norderney spielen heute über 100 in einem der vier Schulorchester. Die Erstkosten wurden durch die Fundraising-Aktion gedeckt. Heute gibt es einen monatlichen Schülerbeitrag, mit dem die Instrumente (Reparatur, Zubehör usw.) finanziert werden.

6.2 MUSIC MEETS SCHOOL FESTIVAL

Das Music Meets School Festival des Initiators Jens Illemann ist recht außergewöhnlich und nicht unbedingt der Maßstab für musikalische Projekte an Schulen. Trotzdem ist es ein gutes Beispiel dafür, dass Fundraising nicht nur „im Kleinen“ funktioniert, sondern es sogar möglich ist, ein großes Festival auf die Beine zu stellen. Man muss es nur wagen!

Jens Illemann war 2015 neu ans Johannes-Brahms-Gymnasium in Hamburg-Bramfeld gekommen und stellte schnell fest, dass die Hamburger Schulen sich untereinander wenig austauschten, auch und besonders, was das Musikalische anging. Aus dieser Beobachtung entstand die Idee, ein Festival zu veranstalten, um die Schulen und Lehrer untereinander besser zu vernetzen. Außerdem wollte er den verschiedenen Schulorchestern und -chören die Möglichkeit geben, auch mal „auf der großen Bühne“ zu stehen. Zusätzlich sollte es kostenlose Workshops für Schüler und Lehrer geben.

DAS SAGT DER INITIATOR:

„Das Festival ist entstanden, weil ich gemerkt habe, alle Schulorchester und alle Schulchöre spielen nur in der Schule, nur ‚bei sich zu Hause‘. Das finde ich schade, weil ich es wichtig finde, dass die Leute auch mal rausgehen. Und daraus entstand die Idee: Wir öffnen unsere Schule ein Wochenende lang für alle, die mal außerhalb spielen wollen.“

Jens Illemann

Von der Idee war die Schulleitung zwar schnell begeistert – organisatorisch und finanziell wollte sie aber keinen Beitrag leisten. Auch der Schulverein war nicht bereit, bei der Organisation und Durchführung zu helfen (z. B. durch die Möglichkeit der Ausgabe von Zuwendungsbestätigungen, siehe Kapitel 5.7 „Spenden annehmen“). Daher gründete Herr Illemann eigens für das Festival einen Förderverein (siehe Mustersatzung im Anhang ab Seite 131). Er hatte nämlich bereits passende Sponsoren gefunden, die das Sponsoring allerdings nur unter der Voraussetzung machen wollten, dass sie dafür eine Zuwendungsbestätigung bekämen. Also suchte sich Herr Illemann sechs engagierte Kollegen und rief kurzerhand den „Förderverein Music Meets School Festival e. V.“ ins Leben. Darüber konnte er dann alle Finanzen abwickeln.

Die Arbeit für das Festival begann gut zwei Jahre im Voraus. Herr Illemann entwickelte ein überzeugendes Konzept, mit dem er auf Sponsorensuche ging. Er bot den potenziellen Sponsoren drei „Pakete“ mit unterschiedlichen Leistungen und zu verschiedenen Preisen an.

Er gewann zwei musikalische Hauptsponsoren: die Meisterwerkstatt für Blasinstrumente von Ingolf Mattern und den Geigenbaumeister Frank Frobeen. Dazu kamen noch weitere Nebensponsoren, z. B. die Marktplatz Galerie in Hamburg-Bramfeld. Zusätzlich gab es eine Online-Spendenaktion des Anbieters „Gut für Hamburg". Durch diese Kombination kamen die nötigen 10.000 Euro für das Festival zusammen.

Folgende Eckpunkte des Festivals waren für die Sponsoren besonders attraktiv:

- ca. 2.000 Teilnehmer und Zuschauer (= potenzielle Kunden)
- Musikmeile, auf der die Sponsoren sich in Zelten präsentieren konnten
- Festival-Geländeplan, auf dem sich die Sponsoren ihren Standort aussuchen konnten
- Extrazelte für die Hauptsponsoren, direkt im Laufbereich der Zuschauer
- dauerhafte Präsenz in allen Zeitungsartikeln, Radiobeiträgen und auf allen Druckerzeugnissen über einen Zeitraum von einem halben Jahr (Stichwort: mediale Präsenz)

Um das Festival bekannter zu machen, organisierte Herr Illemann mit Schülern und Eltern einen musikalischen Flashmob in der Marktplatz Galerie. Dieser wurde von einem professionellen Kamerateam begleitet, sodass er zugleich als Werbung für die Galerie und für das Music Meets School Festival genutzt werden konnte (ein Video des Flashmobs gibt es bei YouTube unter https://youtu.be/UcqWeDWd0wc). Auf der extra für das Festival eingerichteten Homepage konnten Interessierte alle wichtigen Infos aufrufen.

Am 25. Mai 2018 war es dann so weit: Auf zwei Bühnen wurde den Zuschauern von 12 Uhr bis 18 Uhr ein abwechslungsreiches Programm geboten. Insgesamt traten 14 Chöre und Orchester mit über 700 teilnehmenden Schülern aus Hamburg, Niedersachsen und Mecklenburg-Vorpommern auf. Es gab Workshops mit bekannten Hamburger Künstlern und sogar eine Streetfood-Meile!

DAS SAGT DER INITIATOR:

„Ich liebe es, mit Schülern Sachen zu machen, die nicht Unterricht sind, sondern die über den Unterricht hinausgehen, die auch mal außerhalb der Schule sind. Ich glaube, dass andere Erfahrungen deutlich wichtiger sind.

Die Sachen, die im normalen Unterricht stattfinden, sind nicht das, was man behält, sondern man behält: ‚Hey, ich hab einen Flashmob mitgemacht!' oder ‚Da war ein Festival, da hab ich gespielt!' Ich suche immer Möglichkeiten, mit Schülern Dinge zu machen, die sie im Gedächtnis behalten."

Jens Illemann

6.3 EIN PERFEKT AUSGESTATTETER MUSIKRAUM

Manche Erfolgsgeschichten von besonders exklusiv ausgestatteten Musiksälen scheinen einfach ein Rätsel zu sein. Vielleicht kennen Sie auch eine solche Kollegin oder einen solchen Kollegen: Instrumente finden durch scheinbar absurde Zufälle und mit geringen oder gar keinen Kosten ihren Weg in den Musikschrank und die Musiklehrkraft scheint Unterstützungsangebote magnetisch anzuziehen. Im Rahmen der Recherchen zu diesem Buch haben wir mit einigen Musiklehrkräften gesprochen, die hervorragend ausgestattete Musikräume haben. Beim Nachfragen nach ihren Herangehensweisen an das Thema Finanzen ist die Antwort aber mehr als logisch: Die Ausstrahlung ist die Basis. An dieser Stelle mag das vielleicht kein handfester Tipp oder ein konkretes Rezept zu sein, aber es kann sich durchaus lohnen, alte Denkmuster in Frage zu stellen. Selbstbewusstsein ist in vielen Fällen mehr als die halbe Miete!

Bei den beschriebenen Beispielen wurde nämlich nicht darüber nachgedacht, wie viel man fordern sollte, auf Anträgen landete immer die Maximalsumme – denn diese ist hier schließlich gut investiert! Natürlich braucht die Musikfachschaft als einzige im Schulgebäude einen eigenen Farbkopierer, denn es ist wirklich allerhöchste Zeit unsere Notationsmöglichkeiten voranzubringen – haben Sie schonmal einfarbige Boomwhackersnoten kopiert!? Und die neuen Keyboards sind ebenfalls unabdingbar. Es geht ja schließlich darum, dass jeder Schüler im Unterricht eingebunden werden kann. Für wen kann das denn kein Herzensanliegen sein!? Nur zwei der zwanzig beantragen Keyboards bringen da wenig. Geben Sie sich bei Anträgen nicht automatisch mit wenig zufrieden!

Sorgt man parallel noch geschickt dafür, dass die Eltern, die vor kurzem ihr altes Instrument an die Schule gespendet haben, dieses bei einer der nächsten Aufführung hören, dann baut man als Lehrkraft ein gutes Netzwerk auf und zieht an allen möglichen Fäden. Es wird sich schnell herumsprechen, wie dankbar Eltern und Schüler für die Spende waren und die Frage danach, was noch alles gebraucht wird, ist dann ein Selbstläufer, der die nächste Spendenrunde einleitet. Vermitteln Lehrer und Schüler im Schulalltag, in ihrer Freizeit und besonders auf Veranstaltungen das starke Bild nach außen, dass ihr Musikunterricht jeden Cent wert ist, lassen Unterstützer meist nicht lange auf sich warten.

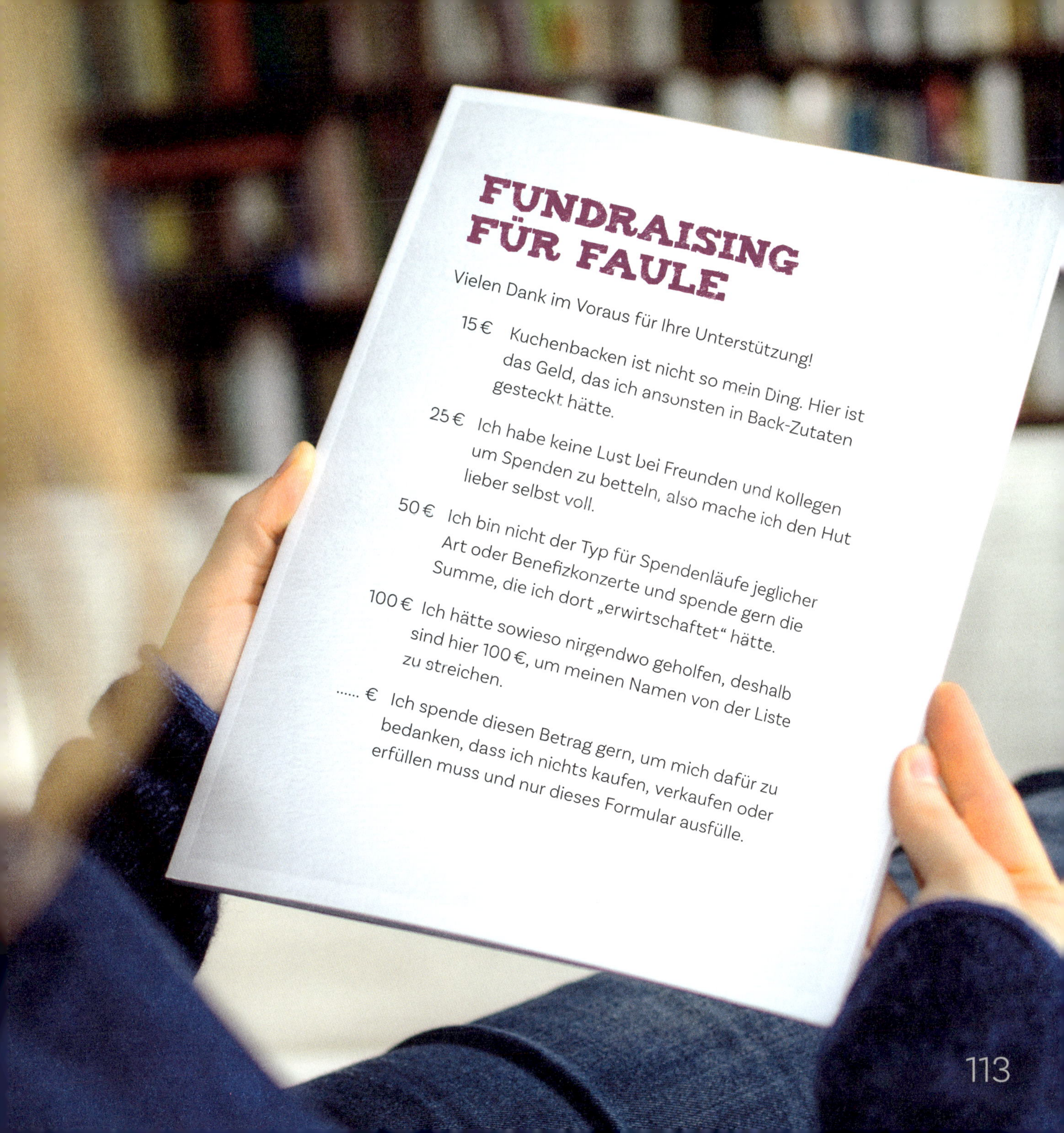

Fundraising für Faule

Vielen Dank im Voraus für Ihre Unterstützung!

15 € Kuchenbacken ist nicht so mein Ding. Hier ist das Geld, das ich ansonsten in Back-Zutaten gesteckt hätte.

25 € Ich habe keine Lust bei Freunden und Kollegen um Spenden zu betteln, also mache ich den Hut lieber selbst voll.

50 € Ich bin nicht der Typ für Spendenläufe jeglicher Art oder Benefizkonzerte und spende gern die Summe, die ich dort „erwirtschaftet" hätte.

100 € Ich hätte sowieso nirgendwo geholfen, deshalb sind hier 100 €, um meinen Namen von der Liste zu streichen.

...... € Ich spende diesen Betrag gern, um mich dafür zu bedanken, dass ich nichts kaufen, verkaufen oder erfüllen muss und nur dieses Formular ausfülle.

ANHANG

RECHTLICHE BESTIMMUNGEN DER BUNDESLÄNDER ZU WERBUNG UND SPONSORING AN SCHULEN

(Stand: Oktober 2019)

Baden Württemberg	„Der Erziehungs- und Bildungsauftrag der Schule verbietet, dass in den Schulen Werbung für wirtschaftliche, politische, weltanschauliche oder sonstige Interessen betrieben, Waren vertrieben oder Sammlungen, Wettbewerbe und Erhebungen durchgeführt werden, soweit nachstehend nichts Abweichendes bestimmt ist. Für Einzelentscheidungen ist der Schulleiter zuständig, soweit keine anderweitige Regelung getroffen ist.“	Verwaltungsvorschrift vom 19.10.1995 (a. F.), neue Fassung vom 21.09.2002
Bayern	„Der Vertrieb von Gegenständen aller Art, Ankündigungen und Werbung hierzu, das Sammeln von Bestellungen sowie der Abschluss sonstiger Geschäfte sind in der Schule untersagt. Ausnahmen im schulischen Interesse insbesondere für Sammelbestellungen regelt die Schulordnung. Politische Werbung im Rahmen von Schulveranstaltungen oder auf dem Schulgelände ist nicht zulässig.“	§ 84 Abs. 1, 2 BayEUG

Berlin	„Werbung zu politischen Zwecken ist in schulischen Veranstaltungen und auf dem Schulgelände während der Unterrichtszeit nicht zulässig.“ Kommerzielle und sonstige Werbung ist gestattet, sofern sie nicht gegen rechtliche Bestimmungen oder das öffentliche Wohl verstößt und mit dem Bildungs- und Erziehungsauftrag vereinbar ist. Ausschöpfung aller vertretbaren Einnahmequellen, keine Bevorzugung bestimmter Branchen und keine verdeckte Subventionierung. Die Entscheidung trifft die Schulleitung. Plakatwerbung, die mit Veränderungen am Schulgrundstück verbunden ist, bedarf des Einvernehmens mit dem Schulträger. Sponsoren dürfen keinen Einfluss auf die Unterrichtsorganisation nehmen. Die Gesamtkonferenz kann mit 2/3-Mehrheit Grundsätze zu Werbung und Sponsoring beschließen.	§ 48 V SchulG Berlin; Allgemeine Anweisung (AllA) Werbung vom 10.06.1997, AB I. 1997 S. 3074; RdSchr. vom 22.12.1997 an die Bezirksämter, an das Landesschulamt sowie alle Schulen
Brandenburg	„Politische Werbung in schulischen Veranstaltungen oder auf dem Schulgelände während des Schulbetriebs ist nicht zulässig. Das Vertreiben von Gegenständen aller Art, Ankündigungen und Werbung hierzu, das Sammeln von Bestellungen sowie der Abschluss sonstiger Geschäfte sind auf dem Schulgelände grundsätzlich nicht erlaubt. Der Schulträger kann Ausnahmen im schulischen Interesse, insbesondere zur Verpflegung von Schülerinnen und Schülern, zulassen. An und in Schulgebäuden kann der Schulträger Werbung zulassen, sofern dafür die rechtlichen Voraussetzungen auch außerhalb dieses Gesetzes bestehen, die ordnungsgemäße Erfüllung des Erziehungs- und Bildungsauftrags nicht beeinträchtigt wird und die von der Schulkonferenz gemäß § 91 Abs. 1 Nr. 6 beschlossenen Grundsätze nicht entgegenstehen. Werbung in Schülerzeitungen bleibt davon unberührt.“	§ 84 Abs. 1, 2 BayEUG

Bremen	„Öffentliche Schulen können Verträge mit Dritten über Sponsoring oder andere Formen der Werbung abschließen, wenn die Schulkonferenz dem jeweiligen Vertrag vor Abschluss zustimmt und die Werbungsziele mit den gesetzlichen und den durch besondere Vorgaben des Senators für Bildung und Wissenschaft festgelegten Zielen der Schulen vereinbar sind.“ „Laufzeit von Werbeverträgen nicht länger als ein Schuljahr. Verträge sind der Fachaufsicht zur Kenntnis zuzuleiten.“ „Werbung in Schülerzeitungen ist grundsätzlich zu tolerieren.“ Der Senator für Bildung sowie der Magistrat der Stadtgemeinde Bremerhaven sind darüber hinaus ebenfalls befugt, Werbeverträge abzuschließen; diese müssen jedoch mit den Vorgaben des Senators für Bildung und den Zielen der Schule übereinstimmen.	§ 48 V SchulG Berlin; Allgemeine Anweisung (AllA) Werbung vom 10.06.1997, AB I. 1997 S. 3074; RdSchr. vom 22.12.1997 an die Bezirksämter, an das Landesschulamt sowie alle Schulen
Hamburg	„Sponsoring ist zulässig, wenn es sich um eine erhebliche Zuwendung des Sponsors handelt und der Hinweis auf die Leistung des Sponsors deutlich hinter den mit der Zuwendung erreichten Nutzen für die Erfüllung des Bildungs- und Erziehungsauftrags zurücktritt. Als Sponsoringpartner scheiden politische, weltanschauliche und religiöse Körperschaften sowie Anbieter, die für ihre Produkte nicht werben dürfen, aus. Die Bereitstellung von Werbeflächen (Plakatwände, Werbesäulen etc.) oder sonstigen Werbemöglichkeiten für Zwecke der Produktwerbung ist unzulässig. Die Annahme von Spenden und Zuwendungen, das Zulassen von Werbung sowie das Erzielen von Einnahmen aus schulischen Aktivitäten bedürfen der vorherigen Genehmigung durch die Schulleitung.“	Richtlinie zu Werbung, Sponsoring und sonstigen wirtschaftlichen Aktivitäten in staatlichen Schulen vom 11.11.1998 idF vom 17.05.2000, MB ISchul 2000, S. 39

Hessen	„Werbung für Produkte oder Dienstleistungen ist an Schulen unzulässig. Schulen dürfen zur Erfüllung ihrer Aufgaben Zuwendungen von Dritten entgegennehmen und auf deren Leistungen in geeigneter Weise hinweisen (Sponsoring), wenn die damit verbundene Werbewirkung begrenzt und überschaubar ist, deutlich hinter den schulischen Nutzen zurücktritt und das Sponsoring mit dem Bildungs- und Erziehungsauftrag der Schule vereinbar ist. Die Entscheidung trifft die Schulleiterin oder der Schulleiter.“ „Geschäftliche Werbung in der Schule ist nur mit folgender Maßgabe zulässig. Wird die Schule durch für ihren Haushalt erhebliche Zuwendungen Dritter bei der Erfüllung ihrer Aufgaben unterstützt oder die Anschaffung für Erziehung und Unterricht förderlicher Gegenstände ermöglicht, so kann auf Antrag des Dritten hierauf hingewiesen werden.“ Dies kann auf Plakaten oder Veranstaltungen erfolgen, jedoch ohne größere Hervorhebung.	§ 3 Abs. 15 Hess SchulG; § 10 II DienstO für Lehrkräfte vom 08.07.1993, in der Fassung vom 04.11.2011
Mecklenburg-Vorpommern	„Werbung an öffentlichen Schulen ist nur zulässig, soweit sie den allgemeinen Bildungs- und Erziehungszielen nicht entgegensteht. Der Werbezweck muss immer deutlich hinter dem zu fördernden Zweck zurückstehen. Durch die Werbung darf keine Beeinträchtigung des Unterrichts und des Schulbetriebs erfolgen. Die Schule hat eine Schutzfunktion gegenüber den Lernenden und muss Toleranz und weltanschauliche, religiöse sowie parteipolitische Neutralität wahren.“ „Sponsoringmaßnahmen sind zulässig, wenn der Hinweis auf die Leistung des Sponsors deutlich hinter den mit der Zuwendung erreichten Nutzen für die Erfüllung des Bildungs- und Erziehungsauftrages zurücktritt. Im Rahmen des Sponsorings soll Produktwerbung vermieden werden. Über die Zulässigkeit von Sponsoringmaßnahmen entscheidet für die Schule die Schulkonferenz.“	Empfehlungen zur Werbung, Erhebung von Geldspenden, wirtschaftlichen Betätigung und zu Sammlungen an öffentlichen Schulen, VV des MB WK vom 28.02.2001, MB l. BM M-V, S. 255

Nieder-sachsen	„Wirtschaftliche Aktivitäten, Sammlungen oder Werbung für wirtschaftliche, politische, religiöse, weltanschauliche oder sonstige Interessen sind in der Schule nur zulässig, wenn sie eindeutig dem Bildungsauftrag der Schule zuzurechnen sind und die jeweiligen rechtlichen Vorgaben beachtet werden." „Zuwendungen, die mit einem Werbeeffekt verbunden sind (Werbung, Sponsoring), können entgegengenommen werden, wenn der Werbeeffekt hinter dem pädagogischen Nutzen deutlich zurückbleibt."	RdErl. d. MK vom 01.12.2012, SVBl. 2012 Nr. 12 S. 598
Nordrhein-Westfalen	„Schulen dürfen zur Erfüllung ihrer Aufgaben für den Schulträger Zuwendungen von Dritten entgegennehmen und auf deren Leistungen in geeigneter Weise hinweisen (Sponsoring), wenn diese Hinweise mit dem Bildungs- und Erziehungsauftrag der Schule vereinbar sind und die Werbewirkung deutlich hinter den schulischen Nutzen zurücktritt. Die Entscheidung trifft die Schulleiterin oder der Schulleiter mit Zustimmung der Schulkonferenz und des Schulträgers. Im Übrigen ist Werbung, die nicht schulischen Zwecken dient, in der Schule grundsätzlich unzulässig. Über Ausnahmen entscheidet das Ministerium."	§ 99 SchulG NRW

Rheinland-Pfalz	„Die Schulen können Zuwendungen Dritter zur Förderung und Unterstützung der Erziehungs- und Bildungsarbeit einwerben (Sponsoring), soweit dies mit dem Auftrag der Schule vereinbar ist.“ Parteipolitische Werbung auf dem Schulgelände ist unzulässig. „Werbung und die Verteilung von Werbematerial auf dem Schulgelände sind nicht zulässig. Anzeigen in Schülerzeitungen sind zulässig.“ „Wird die Schule bei der Erfüllung ihres Bildungs- und Erziehungsauftrags durch Zuwendungen Dritter unterstützt, so kann hierauf in geeigneter Weise hingewiesen werden.“ Die Entscheidung hierüber trifft die Schulleitung.	§ 23 IV SchulG RlP; §§ 4, 103 Übergreifende SchulO vom 12.06.2009
Saarland	„Kommerzielle Werbung ist in Schulen grundsätzlich nicht zulässig.“ „Wird die Schule bei der Erfüllung ihres Unterrichts- und Erziehungsauftrags durch Zuwendungen Dritter unterstützt, so kann hierauf in geeigneter Weise hingewiesen werden (Sponsoring).“ „Sponsoring ist zulässig, wenn es sich um eine erhebliche Zuwendung des Sponsors handelt und der Hinweis auf dessen Leistung deutlich hinter den dadurch erreichten Nutzen für die Erfüllung des Unterrichts- und Erziehungsauftrages zurücktritt.“	§ 24 ASchO; Erlass über Sponsoring, Spenden und Werbung an Schulen vom 24.04.2003

Sachsen	Aufgrund des Erziehungs- und Bildungsauftrages der Schule besteht Verbot jeglicher Werbung in der Schule. Einzelheiten entscheidet die Schulleitung. Spenden können entgegengenommen werden, wenn sie pädagogischen Zwecken dienen und demgegenüber eine etwaige Werbung deutlich zurücktritt und nur einen geringen Umfang hat. Schulen sind berechtigt, Geldbeträge, Sachen oder sonstige Vorteile aufgrund von Sponsoringverträgen oder als Spende entgegenzunehmen, wenn dies die Erfüllung des Erziehungs- und Bildungsauftrages fördert, die Ordnung des Schulbetriebs nicht beeinträchtigt wird und eine Abhängigkeit der Schule vom Sponsor nicht entsteht. Auf die Sponsortätigkeit darf in angemessener Weise hingewiesen werden.	Verwaltungsvorschrift des Sächsischen Staatsministeriums für Kultus über Werbung, Wettbewerbe und Erhebungen in Schulen 20.081992 (MBl. SMK S. 16), zuletzt geändert am 11.12.2007
Sachsen-Anhalt	„Werbung ist in der Schule grundsätzlich nur dann zulässig, wenn sie dem Erziehungs- und Bildungsauftrag der Schule nicht entgegensteht und den Ablauf des geordneten Schulbetriebes nicht beeinträchtigt. Werbung für politische, religiöse oder weltanschauliche Interessen ist nicht zulässig.“ „Sponsoring in der Schule begegnet grundsätzlich nur dann keinen Bedenken, wenn dies dem Erziehungs- und Bildungsauftrag der Schule gemäß § 1 des Schulgesetzes des Landes Sachsen-Anhalt nicht entgegensteht und den Interessen der Schule sowie der Schülerinnen und Schüler nicht zuwiderläuft.“ „Die Entscheidung über den Abschluss von Sponsoring-Vereinbarungen trifft die Schulleitung nach Maßgabe der Beschlüsse der Gesamtkonferenz.“	RdErl. des MK vom 09.09.1998, SVB l. LSA 1998, S. 296

Schleswig-Holstein	„Werbemaßnahmen [...] sind in öffentlichen Schulen unzulässig." „Schulen dürfen zur Erfüllung ihrer Aufgaben ergänzend Zuwendungen von Dritten entgegennehmen und auf deren Leistungen in geeigneter Weise hinweisen (Sponsoring). Sponsoring muss mit dem pädagogischen Auftrag der Schule vereinbar sein und die Werbewirkung muss deutlich hinter dem schulischen Nutzen zurücktreten." „In den öffentlichen Schulen ist während der Unterrichtszeit die Tätigkeit politischer Parteien unzulässig."	§ 29 SHSchG
Thüringen	„Kommerzielle Werbung und Werbung für politische Parteien und politische Gruppierungen ist in der Schule grundsätzlich nicht zulässig. Sponsoring in der Schule sowie kommerzielle Werbung in der Schülerzeitung und bei Schulveranstaltungen, die nicht der Schulbesuchspflicht unterliegen, sind zulässig, soweit sie mit dem Bildungs- und Erziehungsauftrag der Schule vereinbar sind."	§ 56 Abs. 3 THSchG

TICKET
TICKET

Tipps für die Sponsorensuche

- Suchen Sie sich Sponsoren, deren Profil inhaltlich zu Ihrem Projekt passt, z.B. für eine Instrumentalklasse einen Instrumentenbauer oder -hersteller, für ein Chorprojekt einen Gesangsverein oder eine Konzerthalle usw. Wenn Ihr Projekt inhaltlich gar nicht zum Sponsor passt, wird es für ihn wenig Sinn haben, sein Geld dort zu investieren.
- Sprechen Sie Sponsoren erst an, wenn Sie ein gutes Konzept vorlegen können (siehe Kapitel 5.2 „Mein Projekt präsentieren"). Wenn Sie selbst noch nicht wissen, wofür Sie wie viel Geld einsetzen möchten, wird sich kein Sponsor auf eine Zusammenarbeit einlassen.
- Bieten Sie den Sponsoren gute und attraktive Werbemöglichkeiten an: eine ausreichende Reichweite (z.B. Erwähnung in Zeitungsartikeln, Berichte im Radio oder TV, Logo des Sponsors auf allen Druckerzeugnissen usw.) und eine nachvollziehbare Werbewirkung (z.B. durch regelmäßige Präsenz an der Schule und in der Zeitung, attraktive Besucherzahlen, Dauer der Aktion usw.).
- Beachten Sie, dass Firmen im September oder Oktober ihre Haushalte für das Folgejahr planen. Daher sollten Sie Ihre Sponsoringpartner unbedingt bis zu diesem Zeitpunkt ansprechen! Wenn Sie im Januar oder Februar mit Ihrer Anfrage kommen, sind wahrscheinlich alle Gelder schon verplant und Ihr Sponsor kann Ihnen nicht helfen, selbst wenn er möchte.

MUSTER: SPONSORINGVERTRAG

Mit freundlicher Genehmigung von Jens Illemann. Hinweis: Dieses Muster sollte nicht unverändert übernommen werden. Lassen Sie sich bei Ihren eigenen Sponsoringverträgen notariell oder juristisch beraten.

SPONSORING-VERTRAG

zwischen Firmenname .... Adresse .... (nachfolgend „Sponsor" genannt)
und Schule/Empfänger .... Adresse .... (nachfolgend „Sponsoringnehmer" genannt)

1. ZWECK DES VERTRAGS

Der Vertrag regelt die Zusammenarbeit zwischen dem Sponsor und dem Sponsoringnehmer. Der Sponsor zeigt durch die Unterstützung des Projekts/der Veranstaltung [Name des Projekts] sein Engagement im Bereich der Förderung von Kunst und Kultur in der Stadt/Region [Stadt/Region]. Der Sponsoringnehmer benötigt finanzielle Hilfe bei der Umsetzung des [Name des Projekts]. Ziel des Projekts ist es, ... [Ziel kurz umreißen].

2. VERTRAGSDAUER

Der vorliegende Sponsoring-Vertrag beginnt am XX.XX.XX und endet am XX.XX.XX.

3. LEISTUNGEN DES SPONSORINGNEHMERS

3.1. Der Sponsoringnehmer integriert das Firmenlogo des Sponsors in das Schul-Logo [bzw. Logo des Projekts oder Events]

3.2. Der Sponsoringnehmer stellt dem Sponsor beim Konzert in [Ort] am XX.XX.XX einen Platz für ein Banner/Roll-up o. Ä. im Bühnenbereich und im Foyer zur Verfügung.

3.3. Der Sponsoringnehmer erteilt dem Sponsor Branchenexklusivität in der [Name/Bezeichnung]-Branche.

3.4. Der Sponsoringnehmer erteilt dem Sponsor die Erlaubnis einer Marketing-Aktion im Rahmen einer Probe und/oder des Konzerts.

3.5. Der Sponsor wird in den Schul-Medien [bzw. Medien im Rahmen des Projekts] als Sponsor vorgestellt und präsentiert.

3.6. Der Sponsor erhält auf Wunsch eine ganzseitige Anzeige im Programmheft zu den Konzerten.

3.7. Der Sponsor erhält 10 Konzertkarten.

4. LEISTUNGEN DES SPONSORS

Der Sponsor zahlt dem Sponsoringnehmer für die oben aufgeführten Leistungen einen Sponsoringbetrag in Höhe von XX.XXX,XX € auf das folgende Konto:
Kontonummer/IBAN:

MUSTER: SATZUNG FÜR SCHULFÖRDERVEREINE

(Mit freundlicher Genehmigung von Jens Illemann. Hinweis: Mit dieser Satzung wurde 2017 der Verein „Förderverein Music Meets School Festival" gegründet. Das Muster sollte nicht unverändert übernommen werden. Lassen Sie sich bei der Erstellung Ihrer eigenen Satzung notariell oder juristisch beraten.)

SATZUNG FÜR DEN „FÖRDERVEREIN MUSIC MEETS SCHOOL FESTIVAL"

Beschlossen auf der Gründungsversammlung am 03.03.2017

§ 1 NAME, SITZ, GESCHÄFTSJAHR

1. Der Verein trägt den Namen „Förderverein Music Meets School Festival" und soll ins Vereinsregister eingetragen werden. Nach der Eintragung führt er den Zusatz e. V.
2. Der Verein hat seinen Sitz in Hamburg.
3. Geschäftsjahr ist das Schuljahr.

§ 2 ZIEL UND ZWECK DES VEREINS

1. Zweck des Vereins ist die Förderung von Kunst und Kultur sowie von Bildung.
2. Der Zweck wird verwirklicht durch
   a) die Durchführung des Music Meets School Festivals,
   b) die organisatorische, ideelle und finanzielle Unterstützung des Festivals,
   c) Workshops für Schüler und Lehrer,
   d) Konzerte in der Öffentlichkeit für Schulorchester und Schulchöre,
   e) die Vernetzung von Schulen, Lehrern und Schülern.

§ 3 GEMEINNÜTZIGKEIT

1. Der Verein verfolgt ausschließlich und unmittelbar gemeinnützige Zwecke und solche im Sinne des Abschnitts „Steuerbegünstigte Zwecke" der Abgabenordnung. Er ist selbstlos tätig und verfolgt nicht in erster Linie eigenwirtschaftliche Zwecke.
2. Mittel des Vereins dürfen nur für die satzungsgemäßen Zwecke verwendet werden. Die Mittel zum Erreichen dieser Zwecke werden durch Mitgliedsbeiträge, Spenden und sonstige Einnahmen aufgebracht. Es darf keine Person durch Ausgaben, die dem Zweck des Vereins fremd sind, oder durch unverhältnismäßig hohe Vergütungen begünstigt werden. Die Mitglieder erhalten keine Zuwendungen aus Mitteln des Vereins.
3. Die Mitglieder des Vorstandes üben ihre Tätigkeit ehrenamtlich aus. Auf Beschluss des Vorstandes können sie eine angemessene Aufwandspauschale bis zur Höhe der Ehrenamtspauschale des § 3 Nr. 26a EStG erhalten.

§ 4 MITGLIEDSCHAFT

1. Mitglied des Vereins kann jede natürliche Person und jede juristische Person des privaten und öffentlichen Rechts werden, die die Ziele und den Satzungszweck nachhaltig fördert.
2. Die Mitgliedschaft ist schriftlich zu beantragen. Über den Antrag entscheidet der Vorstand.
3. Die Mitgliedschaft endet
   a) mit dem Tod des Mitglieds, bei juristischen Personen mit ihrer Auflösung;
   b) durch schriftliche Austrittserklärung;
   c) durch den Ausschluss aus dem Verein.
4. Der Ausschluss eines Mitglieds kann durch Beschluss des Vorstands erfolgen, wenn das Mitglied in erheblichem Maß gegen die Vereinsinteressen verstoßen hat. Vor dem Ausschluss ist das betroffene Mitglied persönlich oder schriftlich zu hören. Das ausgeschlossene Mitglied kann gegen die Entscheidung Berufung an den Vorstand einlegen, über die die Mitgliederversammlung entscheidet.

§ 5 MITGLIEDSBEITRAG

Es wird kein Mitgliedsbeitrag festgesetzt. Über eine Änderung des Mitgliedsbeitrags entscheidet die Mitgliederversammlung des Vereins.

§ 6 ORGANE DES VEREINS

Organe des Vereins sind

1. die Mitgliederversammlung,
2. der Vorstand.

§ 7 DIE MITGLIEDERVERSAMMLUNG

1. Die Mitgliederversammlung wird vom Vorstand einmal jährlich unter Einhaltung einer Einladungsfrist von zwei Wochen und unter Angabe der vom Vorstand festgesetzten Tagesordnung schriftlich einberufen.
2. Die Einberufung der Mitgliederversammlung erfolgt außerdem, wenn das Vereinsinteresse es erfordert oder mindestens 30 Prozent der Mitglieder die Einberufung schriftlich und unter Angabe des Zwecks und der Gründe beantragen.
3. Die Aufgaben der Mitgliederversammlung sind:
   a) Entgegennahme des Jahresberichts und des Kassenberichts
   b) Entlastung und Wahl des Vorstands
   c) Änderung des Mitgliedsbeitrags sowie Beschlussfassung über Satzungsänderungen, Änderung des Vereinszwecks und Vereinsauflösung
   d) Beschlussfassung über die Berufung eines Mitglieds gegen seinen Ausschluss durch den Vorstand

4. Die Beschlüsse der Mitgliederversammlung bedürfen der einfachen Mehrheit der erschienenen Mitglieder, außer Beschlüssen über Satzungsänderung, Änderung des Vereinszwecks und Vereinsauflösung, für die die Mehrheit von drei Vierteln der erschienenen Mitglieder erforderlich ist.
5. Über die Mitgliederversammlung und deren Beschlüsse ist ein Protokoll anzufertigen, das vom Schriftführer erstellt und vom Versammlungsleiter unterschrieben wird.

§ 8 DER VORSTAND

1. Der Vorstand des Vereins (im Sinne des § 26 BGB) setzt sich wie folgt zusammen:
   a) Vorsitzende/-r
   b) Zwei weitere Vorstandsmitglieder
2. Der Vorstand leitet verantwortlich die Vereinsarbeit im Sinne des Vereinszwecks.
3. Die Vorstandsmitglieder im Sinne des § 26 BGB können den Verein gerichtlich und außergerichtlich vertreten, wobei sie an die Vorstandsbeschlüsse gebunden sind. Der Vorsitzende ist alleinvertretungsberechtigt, die beiden weiteren Vorstandsmitglieder sind gemeinsam vertretungsberechtigt.
4. Die einzelnen Mitglieder des Vorstandes werden jeweils für ein Jahr gewählt und bleiben bis zur Neuwahl im Amt. Jedes Vorstandsmitglied ist einzeln zu wählen. Scheidet ein Mitglied des Vorstandes während der Amtsperiode aus, so kann der Vorstand ein Ersatzmitglied bis zur nächsten Mitgliederversammlung benennen.
5. Der Vorstand ist beschlussfähig, wenn mindestens die Hälfte der Vorstandsmitglieder an der Sitzung teilnimmt. Beschlüsse werden mit einfacher Mehrheit gefasst.
6. Beschlüsse des Vorstands werden in einem Sitzungsprotokoll niedergelegt.

§ 9 KASSENPRÜFER/-INNEN

1. Über die Mitgliederversammlung sind zwei Kassenprüfer/-innen für die Dauer von einem Jahr zu wählen.
2. Die Kassenprüfer haben die Mitgliederversammlung über das Ergebnis der Kassenprüfung zu unterrichten.

§ 10 AUFLÖSUNG

1. Über die Auflösung des Vereins entscheidet die Mitgliederversammlung.
2. Bei Auflösung und Aufhebung des Vereins oder bei Wegfall steuerbegünstigter Zwecke fällt das Vermögen an die Fachschaft Musik des Johannes-Brahms-Gymnasiums Hamburg, die es unmittelbar und ausschließlich für gemeinnützige, mildtätige oder kirchliche Zwecke zu verwenden hat, insbesondere zur Entwicklung des Fachbereichs.

WIE STELLE ICH EINEN STIFTUNGSANTRAG?

Für den Inhalt Ihres Antrags – sofern er nicht durch besondere Vorgaben der Stiftung bestimmt ist – gilt das Gleiche wie für alle „Erstkontakt"-Briefe: Seien Sie präzise, fassen Sie sich kurz, stellen Sie klar und deutlich heraus, wofür Sie die Förderung beantragen (genauen Geldbetrag nennen!), und beziehen Sie sich auf die Stiftung (Welchen Nutzen hat die Stiftung durch die Förderung Ihres Projekts? Z. B. Prestige oder Einmaligkeit. Was können Sie im Gegenzug anbieten? Z. B. Nennung während der Kampagne usw.). Auf den ersten Blick muss aus dem Anschreiben mindestens erkennbar sein,

- wie Ihr Projekt heißt,
- welche Förderung Sie für wie lange brauchen und
- wer der Ansprechpartner ist (Ihre vollständigen Kontaktdaten).

Zeigen Sie Interesse an einem persönlichen Treffen (wenn räumlich möglich und sinnvoll) und bieten Sie Ihrem Ansprechpartner weitere Informationen an. Ein Muster-Anschreiben sehen Sie rechts.

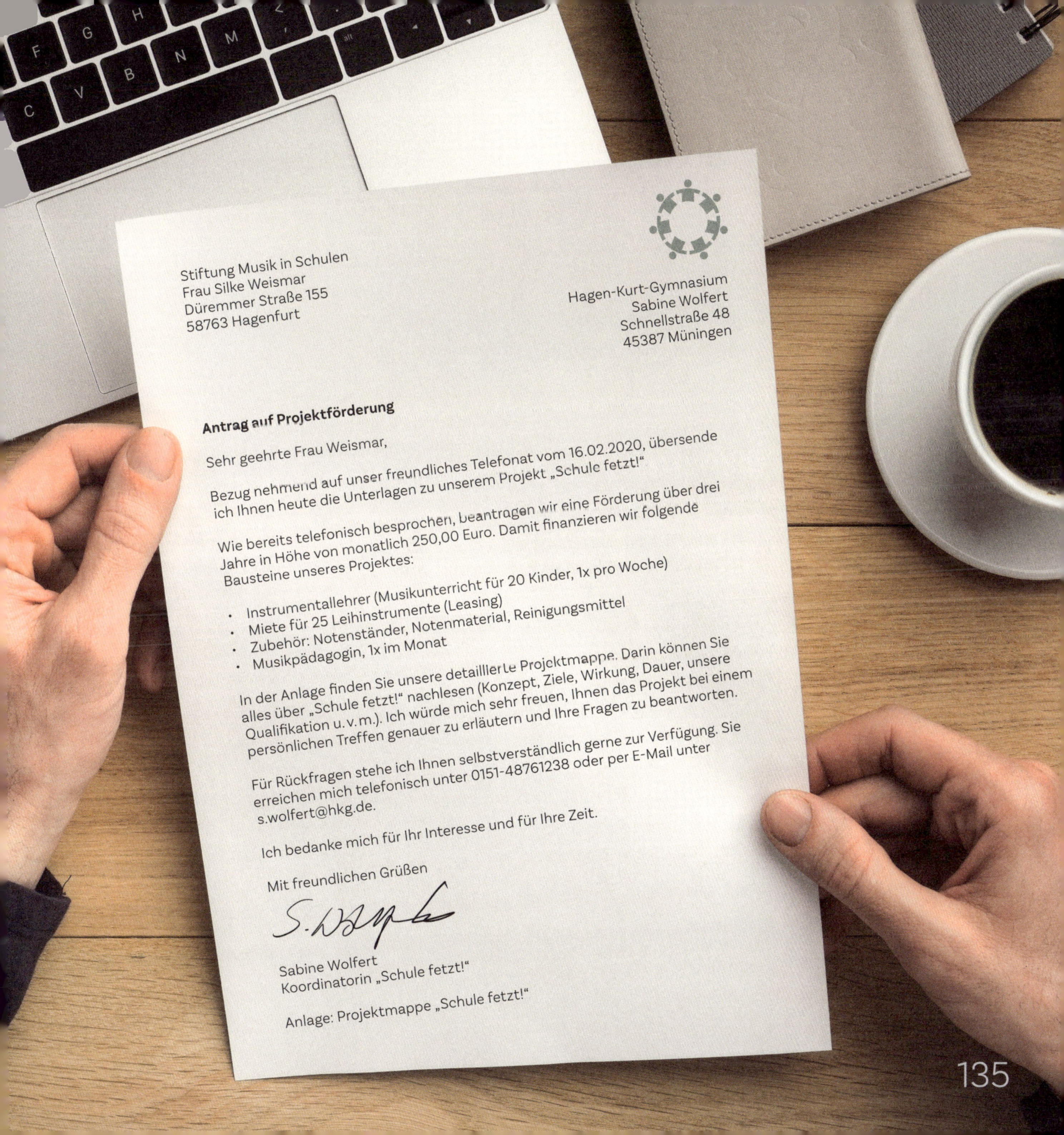

Stiftung Musik in Schulen
Frau Silke Weismar
Düremmer Straße 155
58763 Hagenfurt

Hagen-Kurt-Gymnasium
Sabine Wolfert
Schnellstraße 48
45387 Müningen

Antrag auf Projektförderung

Sehr geehrte Frau Weismar,

Bezug nehmend auf unser freundliches Telefonat vom 16.02.2020, übersende ich Ihnen heute die Unterlagen zu unserem Projekt „Schule fetzt!"

Wie bereits telefonisch besprochen, beantragen wir eine Förderung über drei Jahre in Höhe von monatlich 250,00 Euro. Damit finanzieren wir folgende Bausteine unseres Projektes:

- Instrumentallehrer (Musikunterricht für 20 Kinder, 1x pro Woche)
- Miete für 25 Leihinstrumente (Leasing)
- Zubehör: Notenständer, Notenmaterial, Reinigungsmittel
- Musikpädagogin, 1x im Monat

In der Anlage finden Sie unsere detaillierte Projektmappe. Darin können Sie alles über „Schule fetzt!" nachlesen (Konzept, Ziele, Wirkung, Dauer, unsere Qualifikation u. v. m.). Ich würde mich sehr freuen, Ihnen das Projekt bei einem persönlichen Treffen genauer zu erläutern und Ihre Fragen zu beantworten.

Für Rückfragen stehe ich Ihnen selbstverständlich gerne zur Verfügung. Sie erreichen mich telefonisch unter 0151-48761238 oder per E-Mail unter s.wolfert@hkg.de.

Ich bedanke mich für Ihr Interesse und für Ihre Zeit.

Mit freundlichen Grüßen

Sabine Wolfert
Koordinatorin „Schule fetzt!"

Anlage: Projektmappe „Schule fetzt!"

Fügen Sie Ihrem Anschreiben eine gut strukturierte, anschaulich gestaltete Projektmappe bei. Diese sollte mit einer aussagekräftigen Zusammenfassung beginnen, die Ihrem Ansprechpartner einen ersten Überblick gibt. Sie enthält:

- Kernpunkte Ihres Projekts
- Ziele und Zielgruppe, Wirkung
- Ort, Dauer, Budget, Personal
- die eigene Qualifikation (und die Ihres Teams)
- Gründe und Argumente, warum gerade Ihr Projekt gefördert werden sollte

Gliedern Sie Ihre Projektmappe danach in sinnvolle Abschnitte, die idealerweise aufeinander aufbauen. Eine Gliederung könnte z. B. so aussehen:

- Einleitung: inhaltliche Einordnung, Ziele, eigene Befähigung und Qualifikation, Grund für den Stiftungsantrag
- Sich selbst vorstellen: Daten und Fakten über Sie und Ihr Team, Ihre Schule, den Hintergrund des Projekts – alles, was Ihre Seriosität und Kompetenz deutlich werden lässt.
- Das Projekt präsentieren: Ziele des Projekts, Zielgruppe, Ablauf, Meilensteine, Mitwirkende, Herausforderungen, Dokumentation, geplante Öffentlichkeitsarbeit, finanzieller Bedarf, geplante Erfolgskontrollen. Seien Sie konkret und nennen Sie Zahlen!
- Finanzplan: Solide Aufstellung über erwartete Kosten und wie sie gedeckt werden sollen, bereits vorhandene Mittel und Gelder (von Spendern, Sponsoren usw.), Gesamtkosten des Projekts. Diese Aufstellung muss transparent und nachvollziehbar sein; hier schaut die Stiftung ganz genau hin.
- Fazit/Ausblick: Ergebnis, Nutzen und Wirkung des Projekts, Blick in die Zukunft (z. B. Fortführung/Ausbau des Projekts), Dank an die Stiftung für ihre aufgewendete Zeit und Begründung, warum Sie sich für diese Stiftung entschieden haben.
- Anlagen: wichtige Dokumente, Fotos, (Zeitungs-)Berichte, Imagebroschüre usw. – alles, was Ihr Projekt gut darstellt und Ihre Kompetenz und Ihr ernsthaftes Interesse deutlich macht.

MUSTER: ZUWENDUNGSBESTÄTIGUNG FÜR GELDZUWENDUNGEN

Aussteller (Bezeichnung und Anschrift der inländischen juristischen Person des öffentlichen Rechts oder der inländischen öffentlichen Dienststelle)

Bestätigung über Geldzuwendungen
im Sinne des § 10b des Einkommensteuergesetzes an inländische juristische Personen des öffentlichen Rechts oder inländische öffentliche Dienststellen

Name und Anschrift des Zuwendenden		
Betrag der Zuwendung - in Ziffern -	- in Buchstaben -	Tag der Zuwendung:
Es wird bestätigt, dass die Zuwendung nur zur Förderung (Angabe des begünstigten Zwecks/der begünstigten Zwecke) verwendet wird.		

Es handelt sich um den Verzicht auf Erstattung von Aufwendungen ☐ Ja ☐ Nein

Die Zuwendung wird

☐ von uns unmittelbar für den angegebenen Zweck verwendet.

☐ entsprechend den Angaben des Zuwendenden an .... weitergeleitet, die/der vom Finanzamt .... StNr. .... mit Freistellungsbescheid bzw. nach der Anlage zum Körperschaftsteuerbescheid vom .... von der Körperschaftsteuer und Gewerbesteuer befreit ist.

☐ entsprechend den Angaben des Zuwendenden an .... weitergeleitet, der/dem das Finanzamt .... StNr. .... mit Feststellungsbescheid vom .... die Einhaltung der satzungsmäßigen Voraussetzungen nach § 60a AO festgestellt hat.

....

(Ort, Datum und Unterschrift des Zuwendungsempfängers)

Hinweis: Wer vorsätzlich oder grob fahrlässig eine unrichtige Zuwendungsbestätigung erstellt oder veranlasst, dass Zuwendungen nicht zu den in der Zuwendungsbestätigung angegebenen steuerbegünstigten Zwecken verwendet werden, haftet für die entgangene Steuer (§ 10b Abs. 4 EStG, § 9 Abs. 3 KStG, § 9 Nr. 5 GewStG).

Nur in den Fällen der Weiterleitung an steuerbegünstigte Körperschaften im Sinne von § 5 Abs. 1 Nr. 9 KStG: Diese Bestätigung wird nicht als Nachweis für die steuerliche Berücksichtigung der Zuwendung anerkannt, wenn das Datum des Freistellungsbescheides länger als 5 Jahre bzw. das Datum der Feststellung der Einhaltung der satzungsmäßigen Voraussetzungen nach § 60a Abs. 1 AO länger als 3 Jahre seit Ausstellung des Bescheides zurückliegt (§ 63 Abs. 5 AO).

MUSTER: ZUWENDUNGSBESTÄTIGUNG FÜR SACHZUWENDUNGEN

Aussteller (Bezeichnung und Anschrift der inländischen juristischen Person des öffentlichen Rechts oder der inländischen öffentlichen Dienststelle)

Bestätigung über Sachzuwendungen
im Sinne des § 10b des Einkommensteuergesetzes an inländische juristische Personen des öffentlichen Rechts oder inländische öffentliche Dienststellen

Name und Anschrift des Zuwendenden		
Betrag der Zuwendung - in Ziffern -	- in Buchstaben -	Tag der Zuwendung:
Genaue Bezeichnung der Sachzuwendung mit Alter, Zustand, Kaufpreis usw.		

- ☐ Die Sachzuwendung stammt nach den Angaben des Zuwendenden aus dem Betriebsvermögen. Die Zuwendung wurde nach dem Wert der Entnahme (ggf. mit dem niedrigeren gemeinen Wert) und nach der Umsatzsteuer, die auf die Entnahme entfällt, bewertet.
- ☐ Die Sachzuwendung stammt nach den Angaben des Zuwendenden aus dem Privatvermögen.
- ☐ Der Zuwendende hat trotz Aufforderung keine Angaben zur Herkunft der Sachzuwendung gemacht.
- ☐ Geeignete Unterlagen, die zur Wertermittlung gedient haben, z. B. Rechnung, Gutachten, liegen vor.

Es wird bestätigt, dass die Zuwendung nur zur Förderung (Angabe des begünstigten Zwecks/der begünstigten Zwecke) verwendet wird.

Die Zuwendung wird

☐ von uns unmittelbar für den angegebenen Zweck verwendet.

☐ entsprechend den Angaben des Zuwendenden an .... weitergeleitet, die/der vom Finanzamt .... StNr. ....
mit Freistellungsbescheid bzw. nach der Anlage zum Körperschaftsteuerbescheid vom ....
von der Körperschaftsteuer und Gewerbesteuer befreit ist.

☐ entsprechend den Angaben des Zuwendenden an .... weitergeleitet, der/dem das Finanzamt .... StNr. ....
mit Feststellungsbescheid vom .... die Einhaltung der satzungsmäßigen Voraussetzungen nach § 60a AO festgestellt hat.

....

(Ort, Datum und Unterschrift des Zuwendungsempfängers)

Hinweis: Wer vorsätzlich oder grob fahrlässig eine unrichtige Zuwendungsbestätigung erstellt oder veranlasst, dass Zuwendungen nicht zu den in der Zuwendungsbestätigung angegebenen steuerbegünstigten Zwecken verwendet werden, haftet für die entgangene Steuer (§ 10b Abs. 4 EStG, § 9 Abs. 3 KStG, § 9 Nr. 5 GewStG).

Nur in den Fällen der Weiterleitung an steuerbegünstigte Körperschaften im Sinne von § 5 Abs. 1 Nr. 9 KStG: Diese Bestätigung wird nicht als Nachweis für die steuerliche Berücksichtigung der Zuwendung anerkannt, wenn das Datum des Freistellungsbescheides länger als 5 Jahre bzw. das Datum der Feststellung der Einhaltung der satzungsmäßigen Voraussetzungen nach § 60a Abs. 1 AO länger als 3 Jahre seit Ausstellung des Bescheides zurückliegt (§ 63 Abs. 5 AO).

GRUNDREGELN FÜR EINE GUTE, ETHISCHE FUNDRAISING-PRAXIS

Herausgegeben vom Deutschen Fundraising Verband (abrufbar unter: www.dfrv.de/wp-content/uploads/2019/07/190731-Ethikregeln-Einzelmitglieder.pdf, Stand: Februar 2020)

Präambel

Solidarität und die Anerkennung der Würde und Gleichheit der Rechte aller Menschen ist ein wesentliches Element menschlichen Zusammenlebens im Streben nach einer besseren Zukunft. Sie ist das Fundament einer dynamischen Bürgergesellschaft, die von der Freiheit und Eigenverantwortung des Einzelnen ausgeht.

Eine solidarische Gesellschaft verwirklicht sich vor allem dadurch, dass Personen und Körperschaften gemeinwohlbezogene Anliegen freiwillig unterstützen.

Fundraiserinnen und Fundraiser sehen sich als Mittler zwischen Unterstützung Suchenden und Unterstützern sowie als Treuhänder der berechtigten Interessen beider Seiten. Diese Aufgabe und die besondere Vertrauenssituation im Fundraising macht eine gute, ethische Fundraising-Praxis unabdingbar.

Der Deutsche Fundraising Verband möchte diese Vertrauensgrundlage mit seinen Grundregeln für ein gutes, ethisches Fundraising, zu deren Einhaltung sich alle Mitglieder verpflichten, stärken helfen – um einer lebendigeren, weil nachhaltig solidarischen Bürgergesellschaft und einer Festigung des Ansehens des Berufsstands willen.

1. Würde

Wir achten die Würde und den Schutz menschlichen Lebens als Grundlage unseres Handelns.

2. Gesetz

Wir handeln nach den Buchstaben des geltenden Rechts.

3. Solidarität

Wir stärken durch unser Vorbild und eigenes Geben den Einsatz für Philanthropie, Solidarität und gegenseitiges Helfen in der Gesellschaft.

4. Berufsstand

Wir halten diese und die von unserem Verband anerkannten internationalen ethischen Grundregeln sowie die Regeln verwandter Berufsgruppen ein.

5. Integrität

Wir üben unsere Tätigkeit integer, wahrhaftig und ehrlich aus. Es gibt keinen Zweck, der die Mittelbeschaffung mit unlauteren Methoden, wie sie in diesen Grundregeln dargestellt sind, rechtfertigt.

6. Transparenz

Wir treten ein für Transparenz in unserem Wirken und sind jederzeit zur Rechenschaft über unser berufliches Tun bereit. Dazu gehört eine wahre, schnellstmögliche, sachgerechte und umfassende Information über unsere Arbeit und ihre Ziele, ebenso wie eine vollständige und nachvollziehbare Rechnungslegung.

7. Fairness

Wir unterlassen jedes beleidigende oder anderweitig herabsetzende Verhalten, insbesondere in der Werbung.

8. Freie Entscheidung

Wir respektieren uneingeschränkt die freie Wahl und Entscheidung Dritter, insbesondere potenzieller und bestehender Unterstützer und Unterstützerinnen. Wir unterlassen jeden Druck und jeden Anschein eines Druckes auf ihre Entscheidungen.

9. Privatsphäre

Wir respektieren die persönlichen Wünsche und Vorgaben von potenziellen und bestehenden Unterstützerinnen und Unterstützern zum Schutz der Privatsphäre und zum Umgang miteinander.

10. Datenschutz

Wir geben uns anvertraute Informationen oder Daten ohne Einverständnis der Betroffenen nicht an Dritte weiter.

11. Verwendung

Wir setzen uns ein für die ordnungsgemäße, effiziente und effektive Verwendung der im Rahmen unserer Tätigkeit eingeworbenen Mittel.

12. Weiterbildung

Wir sichern und verbessern die Qualität unserer Arbeit, indem wir unsere professionellen Kenntnisse, Fähigkeiten und Kompetenzen erweitern.

13. Austausch

Wir suchen den offenen und vertrauensvollen fachlichen Austausch untereinander, auch über den nationalen Rahmen hinaus.

14. Vergütung

Wir treten ein für eine leistungsgerechte, nicht diskriminierende Vergütung aller entgeltlich tätigen Mitarbeiterinnen und Mitarbeiter und die transparente Handhabung von Vergütungsmodellen. Eine Vergütung überwiegend prozentual ohne Begrenzung zum Spendenerfolg und zu akquirierten Zuwendungen lehnen wir ab.

In Ausnahmefällen kann von dieser Regelung abgewichen werden, wenn mithilfe interner Kontroll- und Schulungssysteme sichergestellt wird, dass weder unzulässiger Druck auf mögliche Förderer noch auf die entgeltlich tätigen Mitarbeiterinnen und Mitarbeiter ausgeübt wird. Insbesondere sind Vorkehrungen zu treffen, die verhindern, dass arbeitsrechtliche Regelungen wie Mindestlohn und andere unterlaufen werden.

15. Befangenheit und Interessenkonflikte

Wir nutzen keine Beziehung zu potenziellen und bestehenden Unterstützerinnen und Unterstützern für private und satzungsfremde Zwecke aus und wirken darauf hin, dass andere dies nicht tun.

16. Vorteilsnahme und Vorteilsgewährung

Wir werden zu keiner Zeit von irgendjemandem Vorteile für ein Tun oder Unterlassen fordern, uns versprechen lassen oder annehmen, wodurch andere ungerechtfertigt bevorzugt oder benachteiligt werden. Ebenso wenig werden wir anderen solche Vorteile versprechen oder gewähren.

17. Ausübung

Wir ermutigen alle Kolleginnen und Kollegen, sich diese Grundregeln professionellen Handelns zu eigen zu machen und ihr Verhalten danach auszurichten.

18. Wirksamkeit gegenüber Dritten

Wir machen diese Grundregeln auch für die in unserem Auftrag Tätigen verbindlich.

19. Schiedsausschluss

Wer ein Verhalten eines Mitglieds des Deutschen Fundraising Verbandes als Verstoß gegen diese Grundregeln rügen möchte, kann sich an den Schiedsausschuss wenden, den der Verband auf Basis seiner Schiedsordnung zu diesem Zweck eingerichtet hat.

Beschlossen auf der Mitgliederversammlung der DFRV am 18. April 2008 in Fulda.
Ergänzt auf der Mitgliederversammlung am 27. April 2013 in Berlin.
Anpassung der Präambel auf der Mitgliederversammlung am 8. Mai 2019 in Kassel.

CHARTA DER SPENDERRECHTE

Herausgegeben vom Deutschen Fundraising Verband (abrufbar unter: www.dfrv.de/fundraising-branche/ethik-im-fundraising/, Stand: Februar 2020)

Präambel

Menschen streben nach einer besseren Gegenwart und Zukunft, einer menschenwürdigen, solidarischen und die Natur achtenden Gesellschaft. Freiwillig Unterstützende helfen konkret, sie ermöglichen mit ihrem Engagement die Verwirklichung von Projekten und Programmen.

Diese Charta ist eine freiwillige Selbstverpflichtung gemeinwohlorientierter Organisationen zum fairen und transparenten Umgang mit Spendern sowie eine ausdrückliche Anerkennung ihrer gesetzlich geregelten Rechte.

Diese Charta festigt die einmaligen, gelegentlichen oder regelmäßigen Beziehungen zwischen Spendern sowie den von ihnen geförderten Organisationen. Hierbei werden die Interessen von Spendern durch die in dieser Charta niedergelegten Prinzipien guten Verwaltungshandelns für Zwecke des Gemeinwohls über ihre bestehenden Rechte hinaus wahrgenommen und geachtet. Die Organisationen verstehen sich als Mittler zwischen Gebenden und Empfangenen und als Treuhänder der gegebenen Unterstützung.

Der Deutsche Fundraising Verband (DFRV) empfiehlt allen im Dritten Sektor tätigen Organisationen, diese Charta anzuwenden. Seine Verbandsmitglieder beachten die Charta als verbindlich und tragen zur internen und externen Verbreitung der Charta bei. Die Charta bezieht sich auf alle Menschen, die gemeinnützige und andere gute Zwecke durch Geld, Sach- und Zeitspenden unterstützen. Alle Personenbezeichnungen dieser Charta beziehen sich auf beiderlei Geschlecht.

1. Freie Entscheidung

Spender entscheiden frei, wem und zu welchen Zwecken, wie, wann und in welcher Höhe sie ihre Zuwendungen geben. Ihre Entscheidungen dürfen nicht durch unangemessenen direkten oder indirekten – moralischen oder sozialen – Druck beeinflusst werden.

2. Zweckbestimmung

Jede satzungsgemäße Zweckbestimmung, mit der eine Zuwendung versehen ist, ist für die Organisation verpflichtend. Für den Fall, dass die Einhaltung einer Zweckbestimmung nicht möglich ist, ist die Organisation verpflichtet, schnellstmöglich darauf hinzuweisen.

Spender haben in diesem Fall das Recht

- ihre Zuwendung zurückzuerhalten,
- den Zweck im Rahmen der Möglichkeiten der Organisation umzuwidmen oder aufzuheben,
- die Weiterleitung an eine andere Organisation zu ermöglichen.

3. Wahrhafte Information

Spender haben Anspruch auf wahrheitsgemäße, möglichst umfassende und zeitnahe Informationen über die Arbeit der Organisation und deren Ergebnisse.

4. Transparenz der Rechnungslegung

Spender haben Anspruch auf die Einsicht in die Satzung sowie den aktuellen Tätigkeits- und Finanzbericht der Organisation. Dieser wird unaufgefordert öffentlich, mindestens aber auf Anfrage zugänglich gemacht, spätestens 12 Monate nach Abschluss des Geschäftsjahres.

Die im Finanzbericht darzustellende Rechnungslegung muss vollständig und nachvollziehbar sein. Im Finanzbericht weist die Organisation den der Spendenwerbung anzurechnenden Anteil der Werbe- und Verwaltungskosten im Verhältnis zu den durch die Spendenwerbung erzielten Einnahmen und den Ausgaben aus und erläutert, welche Kosten enthalten sind.

5. Informationen über die Organisation und die Organe

Spender haben Anspruch auf Information über die Struktur der Organisation (Satzung, Organigramm, gegebenenfalls Leitbild) und die verantwortlichen Personen – insbesondere der Mitglieder der Geschäftsführung, des Vorstandes und der Aufsichtsorgane. Diese Informationen werden veröffentlicht bzw. auf Anfrage zugänglich gemacht.

6. Auftreten in der Öffentlichkeit

Spender haben Anspruch darauf, zu erfahren, in welcher Rolle, Funktion und in welchem Auftragsverhältnis ihnen handelnde Personen einer Organisation gegenübertreten.

7. Transparenz der Vergütung

Spender haben Anspruch darauf, zu erfahren, nach welchem Modell Fundraiser in den Organisationen bzw. diejenigen, die als Dienstleister auftragsgemäß entsprechend tätig werden, vergütet werden. Sofern erfolgsabhängige Entgeltbestandteile gezahlt werden, ist deren prozentualer Anteil an der Gesamtvergütung zu belegen.

8. Umgang mit Spenderdaten

Spender haben Anspruch darauf, zu erfahren, aus welcher Quelle ihre Adressdaten stammen, was über sie in den Datenbanken der Organisation gespeichert ist und wie diese Informationen organisationsintern verwendet werden.

Sie haben Anspruch darauf, dass Datensicherheit und Datenschutz in der Organisation gemäß den gesetzlichen Vorgaben gewährleistet werden.

Spender haben Anspruch auf Schutz ihrer Privatsphäre. Sperrvermerke werden von den Organisationen dokumentiert und befolgt.

9. Umgang mit Anliegen und Beschwerden

Spender haben Anspruch darauf, dass ihre Anliegen und Beschwerden, welche die Arbeit der Organisation betreffen, sorgfältig bearbeitet werden und sie in angemessener Zeit Auskunft erhalten.

Verabschiedet am 20. April 2012 durch die Mitgliederversammlung des Deutschen Fundraising Verbandes in Berlin

WEITERFÜHRENDE LITERATUR

Böttcher, Jens Uwe: Geld liegt auf der Straße – Fundraising und Sponsoring für Schulen, Luchterhand, 2. Aufl. 2009

Fabisch, Nicole: Fundraising – Spenden, Sponsoring und mehr, dtv Beck, 3. Aufl. 2013

Geckle, Gerhard: Der Verein – Wie Sie einen e. V. erfolgreich gründen und führen, Haufe, 2. Aufl. 2019

Haibach, Marita: Handbuch Fundraising – Spenden, Sponsoring Stiftungen in der Praxis, Campus Verlag, 5., aktualisierte Aufl. 2019

Regenthal, Gerhard (Hrsg.), Schütte, Jan (Hrsg.): Öffentlichkeitsarbeit macht Schule – Ein praxisorientiertes Handbuch zur Umsetzung von PR an Schulen, Loseblattsammlung, Carl Link Verlag

WEBLINKS

„Grundregeln für eine gute, ethische Fundraising-Praxis", hrsg. v. Deutschen Fundraising Verband: www.dfrv.de/wp-content/uploads/2019/07/190731-Ethikregeln-Einzelmitglieder.pdf

„Arbeitshilfe 10 – Fundraising als Herausforderung und Chance für Schulen und ihre Kooperationspartner", hrsg. v. Deutsche Kinder- und Jugendstiftung gemeinnützige GmbH: www.ganztaegig-lernen.de/material/arbeitshilfe-10-fundraising-als-herausforderung-und-chance-fuer-schulen-und-ihre

Jöran Muuß-Merholz: „Unsere Schule ist auf Facebook – ob sie will oder nicht": www.joeran.de/dox/Unsere_Schule_ist_auf_Facebook-ob_sie_will_oder_nicht.pdf
(zuletzt abgerufen am 24.09.2019)

Fördermittelblog für gemeinnützige Organisationen (Förderlotse Thorsten Schmotz): https://blog-foerdermittel.de

Fundraising Akademie: www.fundraisingakademie.de

Deutscher Fundraising Verband: www.dfrv.de

Fachverband für Sponsoring e. V. (FASPO): www.faspo.de

Verband Deutscher Musikschulen (Liste aller Landesverbände der 16 Bundesländer): www.musikschulen.de/vdm/landesverbaende/index.html

Deutscher Bildungsserver (Liste aller Internetangebote der 16 Kultusministerien): www.bildungsserver.de/Kultusministerien-580-de.html

Infos für Vereine (Gründung, Satzung, Vorstand, Finanzen usw.): www.vereinswelt.de

STIFTUNGEN

Bundesverband Deutscher Stiftungen e. V.: www.stiftungen.org
Stiftungssuche nach Stichwörtern: stiftungssuche.de
Hans Thomann-Stiftung: www.hansthomannstiftung.de
Stiftung „Kinder brauchen Musik“: kinderbrauchenmusik.de
Bertelsmann Stiftung (Projekt „Musikalische Bildung“): www.bertelsmann-stiftung.de/de/unsere-projekte/musikalische-bildung

SERVICECLUBS

Rotarier: www.rotary.de
Lions Club: www.lions.de
Soroptimist: www.soroptimist.de
Kiwanis: www.kiwanis-germany.de
Round Table: www.round-table.de
Zonta: zonta-union.de

BUSSGELDER

Kammergericht Berlin: www.berlin.de/gerichte/kammergericht/kontakt/formular.377233.php
Justizbehörde Hamburg: www.hamburg.de/behoerdenfinder/hamburg/11260211/
Ordentliche Gerichtsbarkeit Hessen: ordentliche-gerichtsbarkeit.hessen.de/themen-von-z/gemeinnuetzige-einrichtungen

CROWDFUNDING

Crowdfunding Informationsportal: www.crowdfunding.de
Startnext (Crowdfunding): www.startnext.com
Betterplace (Crowdfunding): www.betterplace.org/de
All zesamme (Crowdfunding-Initiative der Volksbank Köln Bonn eG): www.all-zesamme.de

AFFILIATE MARKETING

Bildungsspender: www.bildungsspender.de
Schulengel: www.schulengel.de
Amazon Smile: smile.amazon.de

IHR RATGEBER-TEAM

Hier stellen wir unser Ratgeber-Team kurz vor:

BETTINA KÜNTZEL
ist Musiklehrerin in Lüneburg und findet, dass Schüler auch mal aus der Schule rauskommen müssen. Daher nutzt sie unter anderem regelmäßig die günstigen Schülerangebote der Hamburger Staatsoper.

GERNOT BREITSCHUH
ist leidenschaftlicher Musiker und berät seit vielen Jahren Schulen und Musikvereine bei der Organisation und Gründung von Instrumentalklassen und Jugendkapellen.

JENS ILLEMANN
ist Musiker, Dirigent und Chorleiter. Der Musiklehrer aus Schleswig-Holstein ist Initiator des Großprojekts „Wir füllen das Stadion“ und Gründer des Norddeutschen Filmorchesters.

Wir bedanken uns herzliche für die juristische Beratung von Frau Magdalena Schäfer und der Rechtsanwalskanzlei *Schäfer & Berkels*, die kompetente Ansprechpartner im Bereich Arbeits-, Schul- und Prüfungsrecht sind.
www.schaefer-berkels.de

HAFTUNGSAUSSCHLUSS

Die Ratschläge und Empfehlungen in diesem Buch wurden von der Autorin und vom Verlag nach bestem Wissen und Gewissen erarbeitet und sorgfältig geprüft. Dennoch kann keine Garantie übernommen werden. Eine Haftung der Autorin, des Verlags oder seiner Beauftragten für Personen-, Sach- oder Vermögensschäden ist daher ausgeschlossen.

Die Links in diesem Buch wurden zum Zeitpunkt der Drucklegung auf Aktualität geprüft. Aufgrund der Veränderlichkeit von Internetinhalten kann für die Aktualität von Links keine Garantie übernommen werden. Für die Inhalte von Internetseiten sind ausschließlich deren Betreiber verantwortlich, Autorin und/oder Verlag haben darauf ausdrücklich keinen Einfluss.

IMPRESSUM

Redaktion: Katrin Bock
Lektorat: Petra Zwerenz
Grafik: Andrea Ludszeweit

www.lugert-verlag.de
www.lugert-shop.de

BILDNACHWEISE

Titel: GettyImages/traffic_analyzer, Seite 8: GettyImages/peshkov, Seite 13: GettyImages/Darijashka, Seite 20: GettyImages/Rattankun Thongbun, Seite 22: GettyImages/ddukang, Seite 25: GettyImages/marekuliasz, Seite 27: GettyImages/wavipicture, Seite 32: GettyImages/stevanovicigor, Seite 38: GettyImages/JoKMedia, Seite 41: GettyImages/udovichenko, Seite 43: GettyImages/DeshaCAM, Seite 44: Getty-Images/DNY59, Seite 48: GettyImages/xavigm, Seite 52: GettyImages/Man_Half-tube, Seite 57: GettyImages/puhimec, Seite 60: Getty-Images/GelatoPlu, Seite 65: GettyImages/Pornpak Khunatorn, Seite 71: GettyImages/ArtLana, Seite 72: GettyImages/smartboy10, Seite 76: GettyImages/amtitus, Seite 79: GettyImages/Tera Vector, Seite 85: GettyImages/adiyatma dermawan, Seite 92: GettyImages/SDI Productions, Seite 97: GettyImages/johnwoodcock, Seite 104–105: GettyImages/Roman_Gorielov, Seite 106: GettyImages/unizyn, Seite 111: GettyImages/mejnak, Seite 113: GettyImages/golibo Seite 114–115: GettyImages/Laoshi, Seite 116: GettyImages/mrPliskin, Seite 125: GettyImages/Chattrawutt, Seite 126: GettyImages/AlexeyBlogoodf, Seite 129: GettyImages/barkarola, Seite 130: GettyImages/PeopleImages, Seite 35: GettyImages/Prostock-Studio, Seite 137: GettyImages/vaitekune, Seite 142: GettyImages/Igor Borisenko, Seite 146: GettyImages/EnginKorkmaz, Seite 150–151: GettyImages/jossdim, Seite 155: GettyImages/kostenkodesign, Seite 156–157: GettyImages/thomas-bethge